Eine kontrafaktische Lektüre von Juli Zehs Roman *Über Menschen*

BEITRÄGE ZUR LITERATUR UND LITERATURWISSENSCHAFT DES 20. UND 21. JAHRHUNDERTS

Herausgegeben von Hans-Edwin Friedrich
Begründet von Eberhard Mannack

BAND 40

Zu Qualitätssicherung und Peer Review der vorliegenden Publikation

Die Qualität der in dieser Reihe erscheinenden Arbeiten wird vor der Publikation durch den Herausgeber der Reihe geprüft.

Notes on the quality assurance and peer review of this publication

Prior to publication, the quality of the work published in this series is reviewed by the editor of the series.

Alexandra Juster

Eine kontrafaktische Lektüre von Juli Zehs Roman *Über Menschen*

Gesellschaft, Politik und Ethik

PETER LANG

Bibliografische Information der Deutschen Nationalbibliothek
Die Deutsche Nationalbibliothek verzeichnet diese Publikation in der Deutschen Nationalbibliografie; detaillierte bibliografische Daten sind im Internet über http://dnb.d-nb.de abrufbar.

Umschlagabbildung:
Mit freundlicher Genehmigung von Caroline Legg

ISSN 0721-2968
ISBN 978-3-631-89546-7 (Print)
E-ISBN 978-3-631-89547-4 (E-PDF)
E-ISBN 978-3-631-89548-1 (EPUB)
DOI 10.3726/b20508

Peter Lang – Berlin · Bruxelles · Lausanne · New York · Oxford

Diese Publikation wurde begutachtet.

www.peterlang.com

Inhaltsverzeichnis

Einleitung

Juli Zehs Roman *Über Menschen* (2021)[1] wird in zahlreichen Kommentaren als einer der ersten „(echten) Coronaromane"[2] verhandelt, der entstand, während die Covid-19-Krise im vollen Gange war und die deutsche Politik stark in Anspruch nahm. Wenn auch gewiss das Pandemiegeschehen in Zehs Werk eine Rolle spielt, so darf dieses jedoch nicht als vordergründig und hauptsächlich angesehen werden.[3] Vielmehr evoziert *Über Menschen* Zehs Mitstenographieren von Geschehnissen im aktuellen Hier und Jetzt, die sie gerade persönlich stark bewegen und die sie deshalb, im Spannungsfeld zwischen Fiktion und Wirklichkeit, zu Papier bringt.[4] Vor der Kulisse der politischen Gegenwart versucht sich Zeh an einem ethisch-moralisch fraglichen Experiment der zwischenmenschlichen Beziehungen nach der Devise, es gehe „nicht darum, Widersprüche aufzulösen, [...] sondern sie auszuhalten".[5]

---

1 Zeh, J. (2021b). *Uber Menschen*. München. Luchterhand Literaturverlag.

2 Siehe dazu:
Braun, Michael. (3021). „Juli Zeh ‚Über Menschen' ist ein Corona-Roman ohne Trost und ohne Rezept", in: *Kölner Stadt-Anzeiger*, 23.03.2021.
Magenau, J. (2021a). „Juli Zeh: ‚Über Menschen'-Der erste echte Corona-Roman" in: *Deutschlandfunk Kultur*, 20.03.2021.
Jaiser, I. (2021). „Neue Challenge, neuer Chill: Roman|Juli Zeh: Über Menschen", in: *Titel Kulturmagazin*, 04.04.2021.

3 Diesen Standpunkt teilen mit der Autorin mehrere Rezensenten des Buches. Siehe dazu:
Buchfink, R. „Ein Coronaroman? Juli Zeh – Über Menschen", in: *Denklatenz-Das Magazin*, 29.07.2021.
Weise, K. (2021). „,Über Menschen' von Juli Zeh: Wankende Weltbilder", in: *NDR Kultur*, 16.04.2021.
Fritsch, A. (2021). „Juli Zeh: Der neue Roman ‚Über Menschen'", in: *Münchner Feuilleton: Kultur, Kritik, Kontroversen*, 17.05.2021.
Motter, M. (2021). „Bis es einen niederbrackt: Juli Zehs Roman ‚Über Menschen'", in: *OKFM4*, 22.03.2021.

4 Vgl. Zeh, J. (2008a). *Alles auf dem Rasen: kein Roman*. München. Btb Verlag, S. 203.

5 Zeh, 2021b: S. 162.

Im gleichen Jahr wie Juli Zehs Roman *Über Menschen* (2021) erschien der Band *Kontrafaktik der Gegenwart* (2021) von Michael Navratil,[6] in dem sich der Autor ausführlich mit der Theorie der Kontrafaktik zwecks „Erhellung und Deutung literarischer Texte“[7] befasst. Insbesondere wird es mit Bezug auf *Über Menschen* darum gehen zu zeigen, wie politisches Schreiben im Grenzbereich zwischen Realität und Fiktionalität stattfindet.

Juli Zeh betont denn in einer Videobotschaft vom 19. Juli 2021, dass sie *Über Menschen* als Gesellschaftsroman sehe, der sich mit den zwischenmenschlichen Spannungen der aktuellen Gesellschaft befasst und mögliche Wege des menschlichen Miteinanders in seiner Komplexität aufzuzeigen versucht.[8]

Schon die im Roman behandelten Themen – Klimakrise, Coronapandemie, Überforderung des Menschen, Polarisierung zwischen Stadt und Land, rechte und linke Strömungen, – deren Aktualität sich im Hier und Jetzt verorten lässt, sowie die damit assoziierte Sprache und Wortanwendung verweisen auf einen stark kontrafaktischen Charakter des Werkes, der im Laufe des Romangeschehens durch deutliche Anspielungen ständig bestätigt wird. So sind Verweise auf Angela Merkels Coronapolitik, auf den Rechtsradikalen Politiker Björn Höcke, auf Donald Trumps Präsidentschaft, auf das britische Brexit, auf die Klima- und Immigrantenkrise, auf die Debatten zur Homoehe und zur Aufnahme von Frauen in der deutschen Armee deutliche Indikatoren kontrafaktischen Schreibens, das vorab näher erklärt werden soll, unter Hinzuziehen der exzellenten Forschungsarbeit von Michael Navratil.

Auf den kontrafaktischen Kommentar zu *Über Menschen* wird eine Auseinandersetzung mit der Ethik von Gut und Böse folgen, die eine zentrale Rolle im Roman einnimmt mit der Frage, ob die alleinige Tatsache, ein Mensch zu sein, ethisch als schlecht zu wertende Handlungen auszulöschen vermag, wie dies Dora vermuten lässt als sie Gote nach seinem Autounfall

---

6 Navratil, M. (2021). *Kontrafaktik der Gegenwart.* Berlin. De Gruyter.

7 Ibidem: S. 84.

8 Zeh, J. (2021c). „Videobotschaft Juli Zeh: Über Menschen / Media Control Award 1. Halbjahr 2021“, 19.07.2021. https://www.youtube.com/watch?v=TvVEUPtxR9o (aufgerufen am 22.09.2022).

lebend vorfindet: „Versuchter Totschlag, gefährliche Körperverletzung. Mit einem Mal spielt das keine Rolle mehr. Hier liegt ein Mensch […].[9]

Dieses fragwürdige Postulat, nämlich dass die Ontologie des „Menschseins“ ethisch-moralische Bedenken zu rechtsradikalen, gewalttätigen und menschenverachtenden Gesinnungen zu überbrücken vermag und jeden Menschen ipso facto, unabhängig von der Art seines Denkens oder Tuns, gesellschaftsfähig mache, soll in Anlehnung an Immanuel Kants, Jean-Jacques Rousseaus und Hannah Arendts Theorien zu Ethik und Moral, untersucht werden.

9 Zeh, 2021b: S. 256.

1. Kontrafaktisches Schreiben

Michael Navratil hat sich in einer umfangreichen Arbeit zum Thema der literarischen Kontrafaktik in Gegenwartsromanen ausführlich mit theoretischen Betrachtungen zum kontrafaktischen Schreiben beschäftigt. Es soll hier deshalb, mit Blick auf den Roman *Über Menschen,* auf wesentliche theoretische Grundzüge der Kontrafaktik eingegangen und zur Vertiefung auf das hervorragende Referenzwerk von Navratil verwiesen werden.

In seiner Minimaldefinition erklärt Navratil Kontrafaktik als „[...] signifikante Variationen realweltlichen Faktenmaterials innerhalb fiktionaler Medien".[10]

Ein fiktionaler Text sei, nach Tilmann Köppe, ein Werk, dessen Sätze vom Leser, gemäß fiktionskonformen Konventionen als für nicht „wahr" wahrgenommen werden.[11] Auf pragmatischer Ebene verweisen, nach Marc Chinca, beispielsweise die Verwendung des epischen Präteritums oder auch die Schilderung in der dritten Person Singular auf tendenziell fiktionales Schreiben.[12] Beide Phänomene sind stark in *Über Menschen* vertreten und kommen im Kapitel 3 ausführlicher zur Sprache. Dass jedoch die Grenze zwischen Fiktionalität und Realität mitunter schwierig zu ziehen sei, bestätigt Lutz Danneberg: „Eine aufgrund eines bestimmten Wissens als nichtfiktional klassifizierte Darstellung lasst sich grundsätzlich [...] auch wie eine fiktionale behandeln – und umgekehrt".[13] Diese Problematik der Abgrenzung zwischen fiktional und real dürfte auf *Über Menschen* voll zutreffen: Oftmals ist die Bezugnahme im Roman nicht nur

---

10 Navratil, 2021: S. 85.

11 Köppe, T. (2014). „Die Institution Fiktionalität", in: Klauk T. / Köppe T. (Hg.): *Fiktionalität. Ein Interdisziplinäres Handbuch.* Berlin/Boston. De Gruyter, S. 35, in: Navratil, 2021: S. 87.

12 Chinca, M. (2003). „Mögliche Welten. Alternatives Erzählen und Fiktionalität im Tristanroman Gottfrieds von Straßburg", in: *Poetica 35* (2003), S. 313, in: Navratil, 2021: S. 88.

13 Danneberg, L. (2006). „Weder Tränen noch Logik. *Über die Zugänglichkeit fiktionaler Welten", in: Heuristiken der Literaturwissenschaft. Disziplinexterne Perspektiven auf Literatur.* Hrsg. von Uta Klein/Katja Mellmann/Steffanie Metzger. Paderborn, S. 40, in Navratil, 2021: S. 88.

auf reale, sondern sogar hochaktuelle Begebenheiten so dominant, dass der Leser nach der Demarkationslinie zwischen fiktionaler und realer Darstellung fragen muss.

Im Interesse einer dem historischen und temporären Kontext angepassten Trennung zwischen fiktionalen und faktualen Äußerungen schlägt Navratil vor, einer pragmatisch-institutionellen Annäherung, die über die textuellen Eigenschaften hinausgeht, den Vorrang einzuräumen, denn, laut Marc Chinca, definieren pragmatische Ansätze „[...] die Fiktionalität von ihrem ‚Sitz im Leben her', als Funktion der Relation zwischen dem Sprechakt und seiner Gebrauchssituation. Diese Situation, und nicht etwa linguistische Merkmale des Textes, sind letzten Endes entscheidend".[14] Überdies sei, nach Navratil, eine solche Annäherung besonders geeignet für Texte, die, wie dies in *Über Menschen* besonders der Fall ist, die „Fiktionalität mit einem deutlichen Weltbezug kombinieren. [...] Diese Notwendigkeit des Weltbezugs besteht natürlich a fortiori bei Beispielen politischer Realitätsvariationen, [...] also bei Kombinationen von Kontrafaktik und politischem Schreiben".[15] Hier liegt denn auch der Brennpunkt der vorliegenden Studie des Romans *Über Menschen*, dem ein politischer Charakter wohl kaum abgesprochen werden kann und der ständig zwischen fiktionaler Diegese und realen Bezügen zur aktuellen Welt variiert.

Eine kontrafaktische Untersuchung beschäftigt sich, wie schon eingangs definiert, mit realweltlichem Faktenmaterial, dessen Wahrheitsgehalt es zu bestimmen gilt. Jedoch könne, laut Navratil, der Wahrheitsgehalt kontrafaktischen Schreibens nicht abstrakt vom Allgemeinen ableitend, sondern „nur induktiv, für einzelne Untergruppen von Texten, wenn nicht gar nur für Einzeltexte"[16] sinngemäß erörtert werden. Diese Feststellung führt zur vorliegenden Betrachtung von *Über Menschen* als Einzelphänomen, in der versucht werden soll, realweltliche Wahrheit von schriftstellerischer Fiktion zu distinguieren, wodurch die Art und Weise der Verwendung der realen Fakten im fiktionalen Erzählrahmen aufgezeigt werden soll. Navratil bemerkt dazu, dass beim fiktionalen Erzählen „[...] realweltliche Fakten

14 Chinca, 2003: S. 313, in Navratil, 2021: S. 88.
15 Navratil, 2021: S. 89–90.
16 Ibidem: S. 94.

auf ganz bestimmte Weise im Rahmen eines fiktionalen Mediums *verwendet* werden […], um ästhetische, affektive oder normative Effekte zu erzielen",[17] d.h. dass der reale Sachverhalt auf „signifikant variierte Weise" erscheint".[18] Um feststellen zu können, ob es sich um kontrafaktisch variierte Fakten der realen Welt handelt, schlägt Lutz Danneberg die Technik des multivialen Zugangs vor: Reale Fakten können aus mehreren, unterschiedlichen Perspektiven betrachtet und interpretiert werden, wohingegen fiktionale Welten sich nur durch den Text selbst erschließen lassen.[19]

Für eine kontrafaktische Untersuchung eines Textes ist jedoch nicht nur die Unterscheidung zwischen „wahr" und „fiktiv" relevant, sondern vielmehr muss berücksichtigt werden, dass es sich stets um eine Variation realer Fakten in der fiktionalen Diegese handelt, wodurch sich, wie Navratil betont, die Untersuchung einer Doppelreferenz aufdrängt:

> Bei der Interpretation eines kontrafaktischen Werkes müssen sowohl seine direkten Referenzen auf Elemente der fiktionalen Welt (das, was im Werk selbst ausgesagt wird) als auch seine indirekten Referenzen auf eine extratextuelle Realität (das, wovon diese Aussagen abweichen oder womit sie konfligieren, in dem Falle, dass sie auf die reale Welt angewandt würden) miteinbezogen werden. Genau diese Spannung zwischen expliziter-fiktionaler und impliziter-realweltlicher Referenz setzt den spezifisch kontrafaktischen Interpretationsprozess in Gang.[20]

Durch diese Doppelreferenz impliziert der kontrafaktische Text, nach Wolfgang Künne, die Technik der Transfiktionalität,[21] d.h. den Vergleich, wie Navratil dazu bemerkt, „zwischen einem Faktum in der realen Welt und einem Tatbestand innerhalb der Diegese".[22]

Die folgende Darstellung erklärt diesen der Kontrafaktik eigenen Zusammenhang zwischen realer Welt und diegetischer Welt:

---

17 Ibidem: S. 96.

18 Ibidem: S. 102.

19 Danneberg, 2006: S. 65, in: Navratil, 2021: S. 106.
Als Beispiel für einen multivialen Zugang zu realen Fakten führt Navratil die Alpen an: „So kann man beispielsweise die realen Alpen selbst besteigen, über sie lesen, sie auf Fotografien ansehen, etc." (Navratil, 2021: S. 106).

20 Navratil, 2021: S. 117.

21 Künne W. (1983). *Abstrakte Gegenstände: Semantik und Ontologie.* Frankfurt am Main. Suhrkamp Verlag. S. 295, in: Navratil, 2021: S. 118.

22 Navratil, 2021: S. 118.

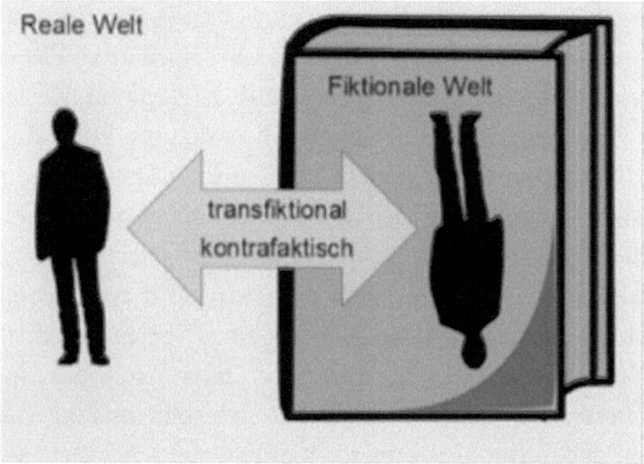

Abbildung 1: Transfiktionale kontrafaktische Referenz, in: Navratil, 2021: S. 119.

Genau dieser Vergleich zwischen den realweltlichen Fakten und deren Rezeption bzw. Variation in *Über Menschen* wird die Hauptaufgabe der vorliegenden Arbeit sein.

Dass es sich darüber hinaus nicht nur um einen kontrafaktischen, sondern auch um einen stark politischen Roman handelt, dürfte aus den zahlreichen, über die Individualsphäre hinausgehenden Themen, die die Gesellschaft als Kollektiv berühren, hervorgehen: Angela Merkels Coronapolitik, das Brexit, Donald Trumps Regierungszeit, Björn Höckes Rolle in der AfD, usw.

Wenn es auch schwierig ist, eine „trennscharfe Linie dessen an(zugeben), [...] was politische Literatur überhaupt ist", scheint, nach Ansicht von Navratil, das Kriterium des Anliegens oder Themas, das über das individuelle Interesse hinaus die Gesellschaft berührt, als einsatzfähig zu gelten.[23] Ein ähnliches Kriterium postuliert Sabrina Wagner, wenn sie schreibt:

> „Politisch" meint [...] eine Auseinandersetzung mit und ein Sich-in-Beziehung-Setzen zur Gesellschaft über das Private bzw. die reine Selbstbezüglichkeit hinaus. „Politisch" bezeichnet den Versuch der Einflussnahme und das Einschreiben

23 Ibidem: S. 196.

> in Diskurse, die die gesellschaftliche wie öffentliche Ordnung des menschlichen Gemeinwesens betreffen.[24]

Wenn man sich dieser breiten Definition des „politischen Schreibens" bedient, so erscheint *Über Menschen* auf eine doppelte Weise als „politisch": Erstens, weil Zeh sich mit Themen beschäftigt, die aktuell die Gesellschaft bewegen und zweitens, weil die behandelten Themen selbst der „Politik" zuzuordnen sind. Somit scheint es möglich, mit Bezug auf *Über Menschen* auf die Begriffe des „Politischen" und der „Politik"[25] zu rekurrieren.

Dass Zeh für sich eine politische Rolle als Schriftstellerin einfordert, bestätigt sie selbst in ihren Essays *Nachts sind das Tiere*:

> Für einen Schriftsteller ist „Reden" mehr als ein natürliches Kommunikationsverhalten und sogar mehr als ein demokratisches Recht. Es ist Gegenstand seiner Berufsausübung und seines Kunstverständnisses. In einer Situation deren „Friedlosigkeit", die sich in unserem Teil der Welt bislang (glücklicherweise) als rein diskursives Phänomen darstellt, komme allen Experten des gesprochenen und geschriebenen Wortes eine besondere Verantwortung zu. Politik wird nicht an internationalen Konferenztischen gemacht, sondern zuallererst in den Köpfen der Menschen in denen sich, ja: Wörter befinden.[26]

Im Zuge des neu erstarkten politischen Bewusstseins der literarischen Schaffensszene seit dem Anschlag auf das New Yorker World Trade Center am 11. September 2001, das Heide Reinhäckel *in Traumatische Texturen: Der 11. September in der deutschen Gegenwartsliteratur* treffend

---

24 Wagner S., (2015). *Aufklärer der Gegenwart: Politische Autorschaft zu Beginn des 21. Jahrhunderts – Juli Zeh, Ilija Trojanow, Uwe Tellkamp*. Göttingen. Wallstein Verlag, S. 33, in: Navratil, 2021: S. 196.

25 Dietmar von der Pfordten versucht zu umreißen, was unter dem Begriff „Politik" zu verstehen sei: „‚Politik' sei als gemeinschaftliches repräsentierendes menschliches Handeln" (S. 45) der politischen Gesellschaft zu verstehen, mit der Möglichkeit, „die letzte Entscheidung ultimativ (d.h. mit Erfolg) an sich zu ziehen und zu treffen (S. 49) und dies mit dem „Ziel der Verbindung möglicher gleichläufiger und der Vermittlung möglicher gegenläufiger, konfligierender Belange" (S. 53) (vgl. von der Pfordten, 2014: S. 45–53). Mit Bezug auf diesen Definitionsversuch von ‚Politik' dürfte schon das in *Über Menschen* zentrale Thema der Coronapolitik, neben den ferner erwähnten Themen des Brexits, der AfD und der Trump-Politik, gewiss als politisch anzusehen sein.

26 Zeh, J. (2016). *Nachts sind die Tiere: Essays*. München. Btb Verlag, S. 99.

konstatiert,[27] lässt sich auch Zehs politisches Engagement einordnen, zu dem sie sich sowohl persönlich als auch mittels ihrer schriftstellerischen Tätigkeit bekennt.[28] Schon ihr Roman *Corpus Delicti: Ein Prozess* kann als das Produkt Zehs intellektueller Genesis seit dem einschneidenden Paradigmenwechsel von der Sicherheits- zur Präventivpolitik als Konsequenz der Terroranschlages am 11. September 2001 gelten. Zehs Besorgnis gilt vor allem der zunehmenden Erosion der demokratischen Errungenschaften, die sie im Kontext der politischen Maßnahmen im Kampfe gegen die Coronapandemie erneut bestätigt sieht.

In ihrem jüngsten Roman *Über Menschen*[29] erneuert Zeh ihr kontrafaktisch-politisches Schreiben zu politischen Themen, veranlasst durch ihre unmittelbaren Beobachtungen des Umgangs mit den gerade stattfindenden gesellschaftlichen Herausforderungen, wie die Bewältigung der Coronapandemie, die immer brennendere Frage der Klimaregulierung, das eben abgeschlossene Brexit, die rechtsradikalen politischen Orientierungen Donald Trumps und seiner aufgeheizten Anhänger oder der deutschen AfD. *Über Menschen* könnte, wie eingangs bemerkt, mit Zehs Worten als kontrafaktisches „Mitstenographieren von Gedankentätigkeit"[30] der gerade erlebten Welt bezeichnet werden. Realität und Fiktion stehen hier sehr stark im Verhältnis der transfiktionalen kontrafaktischen Referenz, die politische Realität wird im Rahmen einer fiktiven Erzählung variiert. In den Folgekapiteln soll diese Spannung zwischen politischer Realität und kontrafaktischer Variation herausgearbeitet werden.

---

27 Reinhäckel, H. (2012). *Traumatische Texturen: Der 11. September in der deutschen Gegenwartsliteratur*. Bielefeld. transcript Verlag, S. 212–216.

28 Vgl. dazu Zeh, J. (2020). *Fragen zu „Corpus Delicti."* München. Btb Verlag, S. 160.

29 Zehs nächster Roman, in Co-Autorenschaft mit Simon Urban, ist für Januar 2023 angekündigt: Zeh, J. & Urban, S. (2023). *Zwischen Welten*. München. Luchterhand Verlag.

30 Zeh, J. (2008a). *Alles auf dem Rasen: kein Roman*. München. Btb Verlag, S. 203.

2. Der Roman

Dora Korfmachers Vater Dr. Joachim Dorfmacher, kurz „Jojo“, ist ein anerkannter Neurochirurg an der Berliner Charité:

> Professor Doktor Joachim Korfmacher ist einer der berühmtesten Neurochirurgen der Republik [...]. Alle zwei Wochen kommt er nach Berlin, um an der Charité zu operieren, weshalb er eine Zweitwohnung in Charlottenburg besitzt.[31]

Er lebt mit seiner zweiten Frau Sybille, denn Doras Mutter, eine fröhliche Natur, die sich besonders für Vögel begeisterte, ist an einem schweren Leiden verstorben. Ihr Bruder Axel Korfmacher ist arbeitsloser Hausvater und Kinderbetreuer von zwei fünfjährigen Zwillingsmädchen Fenna und Signe und lässt sich von seiner gutverdienenden „Powergattin“[32] und Rechtsanwältin Christine erhalten.

Dora selbst hat ihre Studien der Kommunikationswissenschaften auf den Nagel gehängt und es bevorzugt, sich durch Praxis zur Werbetexterin hinaufzuarbeiten. Kurze Zeit, nachdem sie Robert vermeintlich des versuchten Diebstahls ihres funkelnagelneuen Fahrrades „David“ überführt und dabei seine Bekanntschaft gemacht hat,[33] zieht sie mit ihm und ihrer Hündin Jochen-der-Rochen in eine Wohnung in Berlin Kreuzberg. Robert arbeitet im Homeoffice für eine Online-Zeitung, während sich Dora täglich in ihre Werbeagentur begibt.

Roberts gesteigerter Einsatz für Klimafragen bis hin zu einer abgöttischen Verehrung der Ideen Greta Thunbergs führt zu vermehrten Konflikten des Paares und erfährt eine zusätzliche Erhöhung mit dem Aufkommen der Coronaepidemie Anfang des Jahres 2020, indem sich Robert zum Coronaexperten aufschwingt,[34] der die endgültige Apokalypse ansagt. Die selbstauferlegten Freiheitseinschränkungen, zwischen Klimafanatismus und Coronakampf, gelten auch für Dora, bis sie Roberts unbedingte Gefolgschaftsforderung nicht mehr erträgt und mit ihrer Hündin

31 Zeh, 2021b: S. 109.
32 Ibidem: S. 112.
33 Ibidem: S. 61–62.
34 Ibidem: S. 23.

in ein kürzlich erworbenes, renovierungsbedürftiges Haus mit 4 000 m^2 Grund im fiktiven Dorf Bracken[35] in Brandenburg zieht.[36] Das verwahrloste Grundstück des Hauses ist durch eine Mauer vom Nachbargrund getrennt, der einen gepflegten Eindruck macht, mit einem offenbar unbewohnten Haus und einem Bauwagen darauf.[37] Dora macht mit dessen Besitzer, ihrem Nachbarn Gottfried Proksch,[38] dem Dorf-Nazi, kurz Gote, über die Mauer Bekanntschaft:

> „Hey! Ob das dein Scheißköter ist!" […] Ein runder, kahl geschorener Kopf guckt über den Mauerrand. […] „Bist du schwerhörig?" […] „Ich hab dich was gefragt". Bevor Dora erwidern kann […] kommt Jochen-der-Rochen durch die Luft geflogen […]. „Dein Köter buddelt in meinen Kartoffeln". […] „Ziemlich hässlicher Köter, oder?" […] „Gote" […] „Wie Gottfried" […] „Ich bin hier der Dorf-Nazi" […] „Wenn dein Köter noch einmal meine Saatkartoffeln ausgräbt, trete ich ihn platt".[39]

Gote verbrachte seine Kindheit auf einem nun nicht mehr existierenden Bauernhof in der Nähe von Bracken.[40] Schon als kleiner Junge, im Sommer 1992, nahm ihn sein Vater mit nach Rostock-Lichtenhagen, um an rassistischen Ausschreitungen gegen vietnamesische Vertragsarbeiter teilzunehmen.[41] Nach der Vereinigung Deutschlands musste die Familie umsiedeln und ließ sich in Plausitz nieder.[42]

Gote ist im Dorf bekannt für rassistische, gewaltsame Ausschreitungen, die sich auch in der Gegenwart zeitweise wiederholen können. So wird über ihn berichtet, dass er gelegentlich randaliere mit Aussprüchen wie: „Arschficker, Kanacken, ich mach euch alle fertig".[43] Mit seinen Sinnesgenossen klebte er Morddrohungen an Haustüren, füllte Ketchup in Briefkästen und stellte schwarze Holzkreuze in Vorgärten.[44]

---

35 Ibidem: S. 11.
36 Ibidem: S. 35.
37 Ibidem: S. 89.
38 Ibidem: S. 145.
39 Ibidem: S. 39–45.
40 Ibidem: S. 364.
41 Ibidem: S. 365.
42 Ibidem: S. 364.
43 Ibidem: S. 159.
44 Ibidem: S. 159.

Am 20. September 2017 wurde Gote in einen versuchten Totschlag verwickelt, als er mit zwei weiteren Nazigenossen ein linksgerichtetes Ehepaar anpöbelte und sein Freund Mike B. Jonas F. das Messer zwischen die Rippen stach.[45] Die drei Täter wurden durch das Landesgericht auf versuchten Totschlag erkannt,[46] Gote hat nur einen Teil der Strafe im Gefängnis abgesessen und den „Rest auf Bewährung".[47] Mit Nazigenossen singt Gote nach wie vor vergnügt das nationalsozialistische Horst-Wessel-Lied[48] im Garten. Oder vielleicht formiert er gerade den neuen NSU?[49] Einer seiner anwesenden Kameraden, Christian G., alias „Krisse", verbreitet Videos im Internet über Bevölkerungsaustausch, Umvolkung und völkische Raumforderung.[50]

---

45 Ibidem: S. 233–234.
46 Ibidem: S. 232.
47 Ibidem: S. 221.
48 Ibidem: S. 175–176. Vgl. Volksliederarchiv. (1929). „Die Fahne Hoch" (Horst-Wessel-Lied). Volksliederarchiv.
Der Text dieses faschistischen Propagandaliedes erschien erstmals im August 1929 im NSDAP-Propagandablatt „Der Angriff". Der Verfasser des Gedichts war der brutale Berliner NS-Schläger Horst Wessels, ab 1926 SA und NSDAP-Mitglied sowie ab 1929 Anführer des besonders brutalen Schlägertrupps „Sturm 5" in Berlin-Friedrichshain. Er wurde im Januar 1930 erschossen und von Goebbels zum Märtyrer hochstilisiert.
Die ursprüngliche Version des Liedtextes lautet wie folgt:
Die Fahne hoch / Die Reihen dicht geschlossen / SA marschiert mit ruhig festem Schritt Kam'raden, die Rotfront und Reaktion erschossen Marschier'n im Geist in unsern Reihen mit
Die Straße frei den braunen Bataillonen / Die Straße frei, dem Sturmabteilungsmann Es schau'n aufs Hakenkreuz voll Hoffnung schon Millionen / Der Tag für Freiheit und für Brot bricht an
Zum letzten Mal wird zum Appell geblasen / Zum Kampfe stehn wir alle schon bereit Bald flattern Hitlerfahnen über allen Straßen / Die Knechtschaft dauert nur noch kurze Zeit
49 Ibidem: S. 178. Die Abkürzung „NSU" steht für die rechtsextreme Terrorgruppe „Nationalsozialistischer Untergrund" (NSU), eine Bewegung, die zwischen 2000 und 2007 neun Menschen aus rassistischen Gründen ermordete. Die drei Anführer dieser Bewegung waren Uwe Böhnhardt, Uwe Mundlos, die beide Selbstmord begingen, und Beate Zschäpe, die 2018 zu lebenslanger Haft verurteilt wurde (Bpb, 2021).
50 Ibidem: S. 188.

Mit Nadine,[51] von der er inzwischen geschieden ist, hat Gote eine Tochter, Franzi, die wegen dem Corona-lock-down eine Weile bei ihrem Vater in Bracken bleiben darf.

Dora startet in ihr neues Landleben als unerfahrene Städterin, die sich weder mit den ländlichen Lebensbedingungen noch mit dem Gärtnern auskennt, sich aber ihres Jobs in der Werbeagentur Sus-Y, trotz Coronaepidemie und geografischer Entfernung vom Arbeitsplatz, sicher wähnt,[52] solange es WLAN, Internet und ihr Notebook gibt. Besonders schwer fällt es ihr, zeitweise nichts zu tun zu haben, nicht im Multitasking gefangen zu sein, nicht Nachdenken zu müssen,[53] nicht im ständigen städtischen Arbeitsstress zu stecken, in dem sie gewohnt war, Mails zu jeder Stunde, auch nachts, zu beantworten.[54] Sie arbeitet gerade an einer Werbekampagne für die Marke FAIRkleidung, „ein junges Berliner Mode-Label, das eine neue nachhaltige Jeans-Marke herausbringen will".[55] Entgegen ihrer trügerischen Überzeugung des gesicherten Jobs, muss Dora erfahren, dass die Firma FAIRkleidung ihre Werbekampagne in den gegenwärtig unsicheren Coronazeiten einstellt und verliert somit ihre Anstellung bei der Agentur Sus-Y.[56]

Mühsam bearbeitet sie ihr Flurstück, um es in einen Garten mit Gemüsebeeten umzuwandeln und wird dabei überraschenderweise durch den Nachbarn Heini, durch Gote dazu angeregt, unterstützt, der unangemeldet das Dickicht auf ihrem Grund mit der Hilti-Maschine niedermäht.

Dazu kommt die für Dora erstaunliche und unerwartete allgemeine Hilfsbereitschaft, die ihr die Dorfbewohner zuteil kommen lassen: Als Dora mühsam mit dem öffentlichen Bus schwer beladen vom Supermarkt nach Hause fahren möchte, stellt sie fest, dass sie fast drei Stunden Wartezeit hat. Zufällig fährt Tom vorbei und bringt sie zurück nach Bracken. Auch Gote erweist sich als sehr hilfsbereit und unterstützt Dora dabei, ihr neues Haus wohnlicher zu gestalten.

51 Ibidem: S. 220.
52 Ibidem: S. 78.
53 Ibidem: S. 50.
54 Ibidem: S. 56–57.
55 Ibidem: S. 77.
56 Ibidem: S. 207.

Als Dora mit der Bahn nach Berlin zu einem Familienessen fahren möchte, leiht ihr Steffen ein Fahrrad, um damit bis zum Bahnhof zu strampeln.[57] Tom und Steffen werden Dora später mit der Werbekampagne für ihr Geschäft beauftragen, um ihr über die Arbeitslosigkeit und den damit verbundenen finanziellen Schwierigkeiten hinwegzuhelfen.[58]

Sadie bringt Dora eine Tüte mit Saatkartoffeln, ohne dass Dora wüsste, wie Sadie erfahren hat, dass sie Saatkartoffeln braucht: „Dora fragt sich, woher die Frau weiß, dass sie Saatkartoffeln braucht. Aber vermutlich ist das eine überflüssige Frage, weil die Antwort einfach ‚Dorffunk' lautet".[59]

Schon bald nach ihrem Einzug in Bracken trifft Dora auf Gotes neunjährige Tochter Franzi,[60] während sie auf einer Holzbank den Wald mit Jochender Rochen genießt. Wenn sich auch Franzi zuweilen als zudringlich erweist und oft unaufgefordert und zu später Stunde in ihre Privatsphäre platzt,[61] empfindet Dora eine wachsende Zuneigung zu dem Mädchen. Besonders das nahe Verhältnis zwischen Gote und Franzi rührt und berührt sie.

Wenn Franzi mit Jochen-dem-Rochen verschwindet, findet Dora sie im Wald, bei Gote im Bauhaus oder im verwahrlosten Haus, in dem die Familie einst wohnte: „Franzi lebt, allein in einem mumifizierten Haus. Zwischen den verrottenden Relikten der eigenen Kindheit".[62] Wenn Gote nicht im Garten ist oder eine Zigarette mit Dora an der gemeinsamen Mauer raucht, schläft er häufig, auch mitten am Tag: „Macht oft heia",[63] informiert sie Franzi.

Am Rückweg vom Bahnhof Steglitz stößt Dora auf Gotes Pick-up, der nach einem Unfall im Graben steht:[64] Gote, lebt, ist nüchtern, aber er kann kaum sprechen. „Versuchter Totschlag, gefährliche Körperverletzung. Mit einem Mal spielt das keine Rolle mehr. Hier liegt ein Mensch, und Dora

---

57 Ibidem: S. 125.
58 Ibidem: S. 345.
59 Ibidem: S. 212.
60 Ibidem: S. 187.
61 Ibidem: S. 184.
62 Ibidem: S. 228.
63 Ibidem: S. 229.
64 Ibidem: S. 253.

freut sich, dass er atmet".[65] Dora bringt den Wagen wieder auf festen Grund und begleitet Gote nach Hause. Noch in derselben Nacht ruft sie ihren Vater an, denn als Tochter eines Neuchirurgen hat sie einige medizinische Kenntnisse und hegt Verdacht auf Gehirntumor.[66] Jojo kommt noch in derselben Nacht aus Berlin herangerast, bricht Gotes verriegelte Tür des Bauhauses auf, um ihn zu untersuchen[67] und beschließt, ihn sofort „für einige Tests mit an die Charité"[68] zu nehmen. Angesichts der Aussichtslosigkeit einer Behandlung organisiert Dr. Korfmacher Gotes Rücktransport nach Bracken und informiert Dora, dass ihr „Sportsfreund" Unterstützung brauchen werde, trotz ihrer Einwände:

> Er ist nicht mein Freund! [...] ich wollte nur helfen. Wenn er das nicht will, dann eben nicht. Alles gut, kein Problem. So läuft das nicht. [...] Das ist kein Spiel, aus dem man aussteigen kann. Du wolltest, dass ich komme, jetzt hängst du mit drin. [...] Du bekommst von mir die nötigen Informationen, Rezepte und Verhaltensanweisungen. Der Rest ist deine Sache.[69]

Gotes Rückkehr aus Berlin verläuft auf höchst unfreundliche Weise, er tritt nach Jochen-der-Rochen, schiebt Franzi beiseite und wirft den liebevoll gepflückten Blumenstrauß zu seinem Empfang aus dem Bauhaus.[70] Es ist unleugbar, dass Gote nach wie vor zum Ausrasten neigt,[71] er bleibt unberechenbar und potenziell gewalttätig.

Die kommenden Tage verlaufen jedoch wider Erwarten friedlich, Gote schluckt jeden Tag die Tabletten,[72] die ihm Dora über die Mauer reicht, sie rauchen eine gemeinsame Zigarette oder verzehren ein gemeinsames Mahl mit Franzi. Gote lässt sich einen Ahornstamm liefern und schnitzt mit Hochdruck an einer zweiten Wolfsfigur (die erste steht schon seit langem vor seiner Tür).[73] Eine tägliche Routine stellt sich ein: An den folgenden Tagen konzentriert sich Dora darauf, Routine zu entwickeln. „Der

---

65 Ibidem: S. 256.
66 Ibidem: S. 264–265.
67 Ibidem: S. 272.
68 Ibidem: S. 273.
69 Ibidem: S. 280.
70 Ibidem: S. 288.
71 Ibidem: S. 297.
72 Ibidem: S. 290.
73 Ibidem: S. 300.

Zaubertrick besteht darin, die Abwesenheit von Normalität zur Normalität zu erklären. Draußen ist Pandemie, drinnen Arbeitslosigkeit, drüben ein Nazi-Nachbar",[74] der unheilbar an Gehirntumor erkrankt ist.

Immer inniger hofft Dora, dass Gote doch weiterleben könnte, zu sehr genießt sie das friedliche Leben zwischen Gote und Franzi und fühlt sich für die beiden verantwortlich. Ihr Vater warnt sie:

> „Du musst aufpassen, dass du nicht zu viel Verantwortung übernimmst. [...]. Herr Proksch ist dein Nachbar. Es ist nett, dass du ihm hilfst. Die meisten Menschen würden einfach weggucken. Aber du darfst dich nicht identifizieren. Am Ende hat das Ganze überhaupt nichts mit dir zu tun".[75]

Wieder einmal wird die Eintracht durch Gotes aggressive Ausfälligkeit gestört, als er alkoholisiert Tom und seine Feldarbeiter attackiert: „Schick deine Kanacken raus, du Schwuchtel! [...]. Ich mach euch alle platt! Scheiß Arschficker! Scheiß Kanacken! [...] Schwanzlutscher!".[76] Dora hindert Tom und Steffen daran, die Polizei zu alarmieren und gibt indirekt zu verstehen, dass Gote nicht mehr lange unter den Lebenden weilen wird. Tatsächlich bricht letzterer plötzlich zusammen und sinkt auf die Knie.[77]

Trotz allen Geschehnissen organisieren Tom und Steffen ein improvisiertes Dorffest zu Ehren von Gote.[78] Am Morgen nach dem Fest führt Gote Dora und Franzi an den Ort seiner Kindheit. Er zeigt Dora und Franzi einen Hochsitz von dem aus sie zahlreiche Vögel beobachten, während sie das mitgebrachte Picknick genussvoll verzehren.[79] Gote erzählt Dora von seiner Kindheit, davon dass er schon früh mit seinem Vater an rassistischen Attacken teilgenommen hat. Auf Doras Frage, warum er ihr das erzähle, antwortet er: „Ich dachte wir sind Freunde".[80]

In der Folgenacht rast Gote mit 120km/h in einen Baumstamm. Doras Vater, auf dem Weg zu ihr nach Bracken, steckt im Stau, der durch Gotes Unfall verursacht worden ist und entdeckt Gote tot am Steuer.[81]

---

74 Ibidem: S. 311.
75 Ibidem: S. 324.
76 Ibidem: S. 326–327.
77 Ibidem: S. 330.
78 Ibidem: S. 344.
79 Ibidem: S. 370.
80 Ibidem: S. 366.
81 Ibidem: S. 382.

Gote hat Dora eine winzige geschnitzte Figur von Jochen-der-Rochen hinterlassen.

2.1. *Über Menschen* vor dem Hintergrund der aktuellen Coronapandemie

Die Handlung in Zehs Roman *Über Menschen* ist im Jahre 2020 zu verorten, während der Coronaepidemie, die durch das Virus SARS-CoV-2[82] in Deutschland und weltweit hervorgerufen wurde.

Zeh inszeniert eine polarisierte Vision zwischen Stadt und Land, unpolitisch und politisch, links und rechts, vor dem Hintergrund der aktuell immer noch fortwährenden Coronaepidemie mit ihrer Palette an hygienischen Maßnahmen, die im Roman beiläufig erwähnt werden und von Dora als lästig bis unwichtig empfunden werden.

So ist sie nicht wegen dem Lockdown aus Berlin geflüchtet, sondern um der erstickenden Lebensgemeinschaft mit Robert zu entkommen.[83] Ebenso wertet sie den Lockdown schlicht als eine hinderliche Tatsache im täglichen Leben ohne große Bedeutung – das Meldeamt von Bracken ist geschlossen[84] und der Unterschied zwischen Werk- und Feiertagen verwischt sich[85] –, nicht einmal bedrohlich genug, „um den Anbau eigener Kartoffeln zwingend zu machen. Es gibt keinen Grund für einen Gemüsegarten“.[86]

---

82 RKI (2021). „RKI – Coronavirus SARS-CoV-2 – SARS-CoV-2 Steckbrief zur Coronavirus-Krankheit-2019 (COVID-19)“. SARS-CoV-2 (severe acute respiratory syndrome coronavirus type 2) ist ein neues Beta-Coronavirus, das Anfang 2020 als Auslöser von COVID-19 identifiziert wurde. Zu den Beta-Coronaviren gehören u.a. auch SARS-CoV, MERS-CoV (Middle East respiratory syndrome coronavirus) sowie die als „Erkältungsviren“ zirkulierenden humanen Coronaviren (HCoV) HKU1 und OC43. Coronaviren sind unter Säugetieren und Vögeln weit verbreitet. Sie verursachen beim Menschen vorwiegend milde Erkältungskrankheiten, können aber mitunter schwere Lungenentzündungen hervorrufen.

83 Zeh, 2021b: S. 9.

84 Ibidem: S. 11.

85 Ibidem: S. 14.

86 Ibidem: S. 16.

Zehs persönliche Einstellung[87] bricht in Doras entspannter Einstellung zur Pandemie durch, indem sie letzterer im ländlichen Brandenburg kaum Aufmerksamkeit schenkt, denn sie scheint hier nicht stattzufinden:[88]

> Vom Ausnahmezustand der Großstadt ist nichts zu spüren. [...] Während die besserverdienenden Städter in ihren Wohnungen verrückt werden, gräbt man in der belächelten Provinz die Gärten um und wartet auf Regen. Eine Weile steht Dora da und schaut den Menschen beim Normal-Sein zu.[89]

Diese Normalität steht dem Virus entgegen, das in keinem Fall den Weltuntergang bedeuten kann.[90] Kein Grund zur Sorge also und jene, die das Virus ernst nehmen, wie Robert oder Doras Bruder Axel, werden ironisch belächelt und als übertriebene Spinner abgetan. Dora assoziiert Robert mit dem Robert-Koch-Institut,[91] indem sie ihn in Gedanken „Robert

---

87 Zeh steht der Pandemie bedingten Freiheitseinschränkungen sehr kritisch gegenüber, in der Meinung, die Dringlichkeit rechtfertige dennoch nicht demokratische Erosionen und die Vernachlässigung des Verhältnismäßigkeitsprinzips zu anderen Grundrechten. Ebenso wendet sich Zeh gegen die Impfpflicht, in der Überzeugung, die Pandemie sei nicht gravierend genug, um einen solchen Schritt zu befürworten.
Vgl. dazu:
Balzer, V. „Juli Zeh zur aktuellen Corona-Debatte: Frieden stiften durch Impfpflicht?“, in: *MDR KULTUR*, 10.01.2022.
Neue Osnabrücker Zeitung. (2021). „Juli Zeh: ‚Wir müssen die Freiheit schützen, in Fragen der Pandemie in der Minderheit zu sein“, 11.08.2021.
Augsburger Allgemeine. (2021). Interview: „Juli Zeh: ‚Wir-Gefühl? Ein demokratiefeindlicher Slogan'“, 06.09.2021.

88 Ibidem: S. 37.

89 Ibidem: S. 103.

90 Ibidem: S. 139.

91 RKI. (2019). „RKI – Profile“, 16.09.2019.
Das Robert Koch-Institut (RKI), benannt nach dem Nobelpreisträger und Entdecker der Tuberkulosebazillen Robert Koch (RKI, 2018), ist eine wissenschaftliche Einrichtung zur Sicherung der öffentlichen Gesundheit in Deutschland. Als führendes staatliches Institut der Biomedizin spielt es eine wichtige Rolle bei der Prävention und Bekämpfung von Infektionskrankheiten, wie derzeit jener des Coronavirus SARS-CoV-2. Neben seiner wissenschaftlichen Tätigkeit erfasst und analysiert das RKI deutschlandweit Daten zum Auftreten zahlreicher Infektionskrankheiten gemäß des deutschen Infektionsschutzgesetzes, dessen Ziel es ist „übertragbare Krankheiten beim Menschen vorzubeugen, Infektionen frühzeitig zu erkennen und ihre Weiterverbreitung zu verhindern“ (IfSG, 2020, Par. 1.1).

Koch" nennt.[92] Verständnislos stellt sie fest, dass Robert wirklich Angst vor dem Klimawandel sowie vor der Coronaepidemie hat: „I decided to panic hatte Greta (Thunberg, Anm. d. Verf.) gesagt, und Robert tat es ihr nach"[93]. Sogar sie selbst wird für ihn eine sanitäre Gefahr und potenzielle „Corona-Keimschleuder".[94] Ironisch unterstellt sie Robert eine Befriedigung darüber, dass das Warten auf die Katastrophe nun zu Ende sei, denn „die Katastrophe ist da"[95] und er könne sich nun als Coronaexperte im epidemischen Umfeld entfalten:

> Das Schiff ist leck geschlagen, endlich kann man etwas tun. Alles hört auf ein Kommando, jeder Zweifel wird zur Meuterei. Endlich denken alle dasselbe. Endlich reden alle über dasselbe. Endlich gibt es verbindliche Regeln für eine außer Kontrolle geratene Welt. Endlich geht die verdammte Globalisierung in die Knie.[96]

Zu sehr mit ihren Gedanken über Gote, Rechtsextremismus und AfD-Wählern beschäftigt, rückt für Dora die Coronaepidemie gänzlich in den Hintergrund, wobei sie die Augen vor den Problemen verschließt, mit denen die Epidemie die Bürger konfrontiert. Die Tatsache, dass gerade Gote mit seinen Freunden das Horst-Wessel-Lied nebenan schmettert, erscheint ihr wesentlich relevanter als die politischen Diskussionen über die Aufrechterhaltung des Lockdowns, um eine zweite Epidemiewelle möglichst zu verhindern.[97]

Vielleicht wäre es überhaupt am besten, einfach die Corona-Panik wegzulachen, denn die statistischen Wahrscheinlichkeiten überzeugen Dora nicht von dessen Begründetheit: „Die Corona-Panik einfach weglachen. Die Angst der Menschen interessiert sich nicht für statistische Wahrscheinlichkeiten".[98]

Zeh vermerkte zu diesem Thema in einem Artikel der ZEIT Online, dass die Menschen zumeist viel größere Angst vor unbestimmten, wenig

---

92 Zeh, 2021b: S. 31.
93 Ibidem: S. 70.
94 Ibidem: S. 16.
95 Ibidem: S. 23.
96 Ibidem: S. 23.
97 Ibidem: S. 180–181.
98 Ibidem: S. 102.

wahrscheinlichen und zeitlich indeterminierten Ereignismöglichkeiten haben, als vor konkreten, täglichen Gefahren.[99] Dieser Mechanismus treffe auch auf die verängstigten Städter zu, die „hinter den unzähligen Fenstern der endlosen Straßenzüge sitzen"[100] und Corona-Tagebücher führen, trotz menschenleerer Straßen, während die Bewohner von Bracken im Garten arbeiten. Zehs Absicht scheint es zu sein in *Über Menschen* die Städter als grundlos hysterische Panikgetriebene gegenüber einem harmlosen Virus abzustempeln, im Gegensatz zu den gelassenen, vernünftigen Landbewohnern, zu denen sie ich selbst zählt und dabei ein befreiendes Gefühl empfindet.[101]

Zu diesen neurotischen Städtern zählt Dora auch ihren Bruder Axel, der genauso wie Robert gegen eine vorzeitige Aufhebung des Lockdowns ist,[102] angesichts der hohen Infektionszahlen[103] und dem Ernst der sanitären Lage. Sogar darüber, „ob beim Streicheln eines Hundes nicht Viren übertragen werden können"[104] sinniert er, besorgt über die Gefahren des Coronavirus. Axel wird als von seiner Frau erhaltener, arbeitsloser Hausmann belächelt, dessen Situation es ihm leicht macht, ein eifriger Coronamitstreiter zu sein, während Robert sogar ein Gefühl der persönlichen Wichtigkeit und Geschäftigkeit in diesem „Endzeitspiel"[105] zu genießen scheint, mit Freude daran, apokalyptische Szenarien zu entwerfen und sich, wie die meisten Bürger, auf Klopapier und Handdesinfektionsmittel zu stürzen. So als ob die epidemische Situation ein Spiel wäre, das vielleicht eines Tages zu Ende kommt. Dies erinnert schon an Zehs Roman *Corpus Delicti: Ein Prozess*, den Zeh mit Bezug auf das Ende von Mias Prozess mit den Worten abschließt: „Denn erst jetzt ist sie – erst jetzt ist das Spiel – erst jetzt ist wirklich alles zu Ende".[106] Diese Metapher des Spiels taucht

---

99 Zeh J. (2009). „Sicherheit total", in: *ZEIT ONLINE* Nr. 33, 06.08.2009.
100 Zeh, 2021b: S. 249.
101 Sibum, H. (2020). Interview: „Raus aus der Filterblase. Die Schriftstellerin Juli Zeh lebt in einem Dorf in Brandenburg, fernab vom Berliner Kulturbetrieb. Das ist auch gut so, sagt sie", 08.01.2020.
102 Ibidem: S. 137.
103 Ibidem: S. 138.
104 Ibidem: S. 134.
105 Ibidem: S. 24.
106 Zeh, J. (2013). *Corpus Delicti: ein Prozess*. München. Btb Verlag, S. 279.

in *Corpus Delicti* als kontrastierende Darstellung zwischen jenen, die das totalitäre Spiel der METHODE mitspielen und jenen die sich davon ausschließen: „Das Recht ist ein Spiel, bei dem jeder mitspielen muss".[107]

In ihrem Roman *Spieltrieb* lässt Zeh Alev das Spiel vermeintlich als Demokratiemechanismus verstehen, setzt es jedoch wiederum als Metapher der Unfreiheit für die Mitspielenden ein, denn Ada und Smutek sind in Alevs Spiel nicht frei: „Das Spielen verpflichte zur Gleichheit, da allen Spielern dieselben Voraussetzungen eingeräumt würden, und verwirkliche außerdem den Gedanken der Rechtssicherheit, weil ein Spiel nur innerhalb der eigenen Regeln stattfinden könne".[108]

Ebenso spielen die Menschen in *Über Menschen* beim „Coronaspiel" mit oder nicht: Robert spielt mit, Dora spielt nicht nur nicht mit, sondern fühlt sich über jene Menschen erhaben, die die Pandemie ernst nehmen und sich somit in Unfreiheit begeben: Denn die Teilnahme am Spiel und die Befolgung der Regeln desselben stehen in Zehs Romanen *Corpus Delicti*, *Spieltrieb* und *Über Menschen* metaphorisch für Freiheitsverlust. Herablassend distanziert sich Dora von den Coronamaßnahmen durch Erstaunen über die vielen neue Begriffe, die im Zusammenhang mit dem Pandemiegeschehen auftauchen. So stellt sie beim Abruf der Internetseiten ironisierend fest, dass das Meldeamt von Geiwitz derzeit aufgrund der sanitären Lage geschlossen ist:

> Derzeit kein Publikumsverkehr. […] Dora wusste gar nicht, dass sie zu einem Publikum gehört. Wer sind die Schauspieler? Nicht darüber nachdenken. Nicht hängen bleiben. Es gibt jetzt so viele seltsame neue Begriffe. *Social Distancing*. Exponentielles Wachstum. Übersterblichkeit und Spuckschutzscheibe. Dora kommt schon seit Wochen nicht mehr mit. […] durch Corona ist das Nicht-mehr-Mitkommen manifest geworden.[109]

Dora empfindet Roberts apokalyptisches Denken als lächerlich übertrieben,[110] wobei hier wiederum Zehs persönliches Abschieben des Coronaproblems als demokratiewidrig durchzubrechen scheint. Dora fühlt sich durch Robert in ihrer existenziellen Freiheit beraubt, Grund genug, um

---

107 Ibidem: S. 88.
108 Zeh, J. (2008b). *Spieltrieb: Roman*. Frankfurt am Main. Schöffling. S. 260.
109 Zeh, 2021b: S. 11–12.
110 Ibidem: S. 31.

vor ihm in die dörfliche Ländlichkeit zu flüchten: „Wenn Dora daran erinnerte, dass sie in einer Demokratie lebten, in der Entscheidungsprozesse eine gewisse Zeit in Anspruch nahmen, wurde er (Anm. d. Verf.: Robert) wütend".[111]

Als Robert meint, dass das Virus vielleicht sogar eine positive Auswirkung auf die Umwelt dank reduzierter, globaler Mobilität, haben könnte, fällt Dora die endgültige Entscheidung, ihr Berliner Leben zu verlassen.[112]

Weiteres unterschiebt sie ihm interessierte Sensationsmache, nämlich das Katastrophenszenario beruflich auszuschlachten:

> Ausbremsen des Raubtierkapitalismus, Radikaleinschränkung der Mobilität. Corona ist anschaulich. Schnell, dramatisch, gut zu bebildern. Messbar in den Folgen. Außerdem scheint dem Virus eine geradezu biblische Zwangsläufigkeit innezuwohnen.[113]

Überheblich herablassend wird in *Über Menschen* über die epidemiebedingte Situation gesprochen: „Im März schlossen Schulen, Restaurants und Geschäfte. Noch mehr neue Begriffe machten die Runde. Lockdown, shutdown, flattening the curve. Mortalität, Morbidität, Triage. Die Panik stieg, als wären Krankheit und Tod neu erfunden worden".[114]

Die Formel „Bleib gesund!" unter jeder Mail oder SMS sieht Dora wie eine Geheimformel einer Massenbewegung,[115] Angestellte arbeiten hinter Plexiglasscheiben, Menschen in Warteschlangen halten Abstand voneinander, eine Maskenpflicht gilt allgemein,[116] Klebebänder am Fußboden signalisieren die Bewegungsrichtungen,[117] Diskussionen über Schulschließungen oder -öffnungen, über Beibehalt oder Aufheben des Lockdowns bestimmen die politische Szene. „Mit den Klopapierpackungen links und rechts unter die Arme geklemmt fühlt sich Dora wie die Karikatur eines deutschen Corona-Bürgers".[118] „Systemrelevante" Arbeit genießt Vorrang

---

111 Ibidem: S. 25.
112 Ibidem: S. 73.
113 Ibidem: S. 24.
114 Ibidem: S. 25.
115 Ibidem: S. 25.
116 Ibidem: S. 101.
117 Ibidem: S. 103.
118 Ibidem: S. 104.

gegenüber „nicht systemrelevanter“ Arbeit, wozu auch Doras Beruf als Texterin gehört.[119] Kunden der Agentur Sus-Y kürzen ihre Werbungbudgets und streichen Werbekampagnen.[120] Händeschütteln wird durch den Ellbogenshake ersetzt, die Suche nach einem Impfstoff gegen das Coronavirus läuft auf Hochtouren und soll Hoffnung bringen.

Leergefegte Straßen in Berlin und verängstigte Menschen scheinen sich im Krieg gegen das Coronavirus zu befinden, Dora findet das exzessiv im Verhältnis zur Realität der Gefahr, die sie ständig herabzusetzen und zu relativieren sucht:

> Auf den leeren Straßen herrschte gespenstische Atmosphäre. Wenige Autos, kaum Passanten. Im Viktoriapark waren die Rollatoren verschwunden. Weiβ bedeckte Gesichter hinter den Schaufenstern einer Apotheke. Robert sagte, diese Menschen kämpfen an vorderster Front. Solche Formulierungen verstören Dora; Ein Krieg war die Pandemie trotz allem nicht. Kriege richteten sich gegen Menschen. [...] Eine Mutter schrie einen Jogger an, er solle nicht so heftig atmen. In manchen Fenstern verkündeten Fahnen: „Wir bleiben zu Hause!“ Diese Menschen waren Teil von etwas, auch wenn Dora nicht wusste, wovon. Sie saßen hinter den Fahnen und hofften, dass es in Berlin nicht so schlimm werden würde wie anderswo.[121]

Die Ironisierung über die menschlichen Ängste dürfte hier kaum entgehen. Dora scheint sich über diese „Menschlichkeit“ in der Angst vor Krankheit und Tod erhaben zu fühlen. Dieses Gefühl, über einer unsinnigen Massenhysterie zu stehen, wird noch verstärkt durch die entspannte Haltung ihres Vaters Joachim Korfmacher, Neurochirurg an der Charité, der sich als Chefarzt „weit über den medialen Diskurs und die Aufgeregtheit der Massen erhebt“,[122] indem er zu einem Familientreffen dem offiziell dekretierten Lockdown zum Trotz lädt: „Auf einem kleinen Familientreffen zu bestehen ist seine Art, dem Virus Verachtung zu zeigen“.[123]

Dora hat wenig Verständnis dafür, dass die Coronaepidemie die Schlagzeilen der Medien dominiert und tagtäglich auf die Bürger einhämmert: „Jetzt, da es eine Pandemie gibt, braucht man den anderen Quatsch nicht mehr. [...] Gleichzeitig schämt sie sich heimlich dafür, dass sie die

---

119 Ibidem: S. 32; S. 211.
120 Ibidem: S. 38.
121 Ibidem: S. 26–27.
122 Ibidem: S. 109.
123 Ibidem: S. 109.

neuesten Infektionszahlen nicht kennt. Als gäbe es eine Mitmachpflicht in Sachen Medienkonsum".[124]

Wiederum empfindet Dora das unangenehme Gefühl der „Mitspielpflicht", der nachzukommen sie nicht willens ist, und fühlt sich frei, der „Aufregung" nicht mehr zuzusehen, sondern lieber in ihrem Garten in Bracken zu arbeiten.[125] Der „schwedische Ansatz" hätte wahrscheinlich besser zu ihr gepasst.[126] Die Pandemie geht sie nicht viel an und ist auch nicht ernst genug, um sich ihr näher zu widmen. Sie ist sogar in den Augen Doras so wenig ernst, dass der Lockdown während der Urlaubszeit aufgehoben wird, denn nun „hat die Pandemie Pause"[127] und „die Ostseebäder platzen aus allen Nähten".[128]

Außerdem bringt der Lockdown arbeitende Eltern in Schwierigkeiten, wenn die Kinder wegen geschlossenen Schulen zu Hause bleiben müssen, wie Sadie dazu feststellt: „Dieser Lockdown macht uns kaputt. Das merken die in Berlin nicht einmal".[129] Von Sadie erfährt Dora auch, wie eine alleinerziehende, schlecht verdienende Mutter in Coronazeiten lebt:

> Sie arbeitet als Ausleererin in einer Gießerei am westlichen Rand von Berlin [...]. Dauernachtschicht, eine Stunde Anfahrt. [...] Um halb sechs am Abend stellt Sadie den Kindern das Essen auf den Tisch und muss meistens schon aufbrechen, bevor die beiden aufgegessen haben. Der zehnjährige André bringt seine kleine

---

124 Ibidem: S. 29–30.

125 Ibidem. S. 312.

126 Der „schwedische Ansatz" oder „schwedische Sonderweg" im Kampf gegen das Coronavirus bedeutete das Unterlassen von Ausgangssperren und Kontaktverboten bis Ende März 2021, trotz rasanter Virusverbreitung. Allerdings bezahlte Schweden diese liberale Strategie, nur an die Vernunft der Bürger appellierend, zunächst mit einem wesentlich höheren Anteil an Coronatoten als die anderen europäischen Länder (Quarks, 2022). Nach einer massiven Impfkampagne setzte Schweden seinen entspannten Sonderweg nach wie vor fort, musste aber weiterhin wesentlich höhere Todeszahlen in Kauf nehmen (Der Standard, 2021). Seit dem Beginn der Pandemie wurden in Schweden bis 17. Januar 2022 15.513 Todesfälle verzeichnet. Das entspricht in etwa dem europäischen Schnitt, liegt aber deutlich über den Vergleichswerten aus Norwegen, Finnland und Dänemark (Deutsches Ärzteblatt, 2022).

127 Ibidem: S. 312.

128 Ibidem: S. 346.

129 Ibidem: S. 214.

> Schwester ins Bett und verbringt die halbe Nacht im Internet, was Sadie nicht verhindern kann [...].Gegen vier Uhr früh kommt sie nach Hause, döst zwei Stunden auf der Couch [...] und fängt um sechs an, das Frühstück vorzubereiten. „Erst wollten die mir keine Notbetreuung geben, weil ich tagsüber ja zu Hause bin". Sadie lacht. „Inzwischen hab ich ein paar Stunden Hort. Aber seit Corona schlaf ich trotzdem nur noch am Wochenende. [...] Wenn die mich auf Kurzarbeit setzen, gehen wir unter".[130]

Dora vermeint in der Flucht in das ländliche Bracken die Lösung aller Probleme zu sehen, sie kann dort die Coronapandemie ignorieren, „dem Leben beim Stattfinden zuschauen"[131] und mit dem Nachdenken über die gegenwärtigen Probleme aufhören. „Was ihren Job betrifft, wird sich schon alles klären, sobald Corona vorbei ist".[132] Die „friedliche Koexistenz mit allem, was ist"[133] scheint für Dora die Lösung aller Probleme zu sein, denn „Dora schaut der Aufregung zu, und dann schaut sie wieder weg".[134]

Zeh ruft den Leser zur Verharmlosung einer ernsten sanitären Lage auf und befürwortet den bequemen Weg der Flucht und der „Vogel-Strauß-Politik", um sich nicht verantwortungsbewusst mit Problemen auseinandersetzen zu müssen. Man muss sich fragen, inwiefern ein solcher Eskapismus vor Verantwortung und das Herunterspielen einer lebensbedrohenden Gefahr für viele Menschen von Seiten einer bekannten, politisch aktiven Autorin mit hohen Einflusspotenzial, die jedoch nicht über wissenschaftliche Kompetenzen verfügt, um seriöse Antworten zur Coronapandemie zu liefern, zu verantworten ist.

---

130 Ibidem: S. 215.
131 Ibidem: S. 252.
132 Ibidem: S. 252.
133 Ibidem: S. 253.
Zeh spielt hier auf den politischen Begriff der „friedlichen Koexistenz" an, der durch die sowjetischen Machtträger, allen voran Stalin, geprägt wurde, als Möglichkeit des friedlichen Nebeneinanders und der wirtschaftlichen Kooperation zwischen dem sozialistischen Block und dem westlichen Kapitalismus durch gegenseitigen Verzicht auf Reparationszahlungen. Der Begriff der „friedlichen Koexistenz" wurde erstmals auf der Konferenz von Genua 1922 geprägt (Beloff, 1951, S. 934) in der es zur Unterzeichnung des deutsch-sowjetischen Vertrages von Rapallo zwischen dem deutschen Außenminister Walther Rathenau (Laubach, 1974, S. 556) und dem russischen Außenminister Tschitscherin kam.
134 Zeh, 2021b: S. 312.

Die kontrafaktischen Variationen zur Coronapandemie im fiktiven, narrativen Raum *von Über Menschen* sind dermaßen eng sowohl mit der aktuellen Realität als auch mit Zehs persönlichen Aussagen und Überzeugungen verknüpft, dass eine Dissoziation von der Verantwortlichkeit der Autorin als schwierig bis unmöglich erscheint.

2.2. Digitale Zeiten

In einem Roman, der im unmittelbaren Hier und Jetzt verortet ist, dürfen kontrafaktische Bezüge auf die aktuelle digitale Welt nicht fehlen.

So sucht und findet Dora ihr neues Haus in Bracken zunächst dank einer Anzeige auf eBay Kleinanzeigen und lokalisiert es im Dorf Bracken mithilfe der Applikation Google Maps. Wikipedia liefert ihr weitere Informationen über das Dorf.[135]

Bevor Dora sich zur administrativen Erfassung zum Meldeamt begibt, erfährt sie auf der Homepage, dass letzteres wegen Corona geschlossen ist.[136]

Ohne die Möglichkeit über Internet auf Distanz zu arbeiten, hätte Dora Berlin nicht verlassen können, um für ihre Agentur Sus-Y von Bracken aus zu arbeiten. Niemand hätte in Pandemiezeiten ohne die digitalen Errungenschaften im Homeoffice arbeiten können, um möglichst Ansteckungen zu vermeiden. Videokonferenzen abzuhalten, SMS,[137] Mails und WhatsApp Meldungen zu schreiben ist nun selbstverständig.[138] Glücklicherweise reicht die WLAN-Technologie[139] auf Glasfaser bis nach Bracken, um über eine effiziente Internetverbindung zu verfügen: „Das WLAN läuft, und zwar auf Glasfaser – in Bracken vielleicht das einzige Stück funktionierender Infrastruktur".[140]

---

135 Zeh, 2021b: S. 11.
136 Ibidem: S. 11.
137 SMS steht für „Short Message Service".
138 Zeh, 2021b: S. 25–26.
139 WLAN (Wireless Local Area Network) ist ein drahtloses, lokales Netzwerk, das dank eines Routers Smartphones, Tablets oder Notebooks drahtlos an Internet anbindet.
140 Zeh, 2021b: S. 38.

Dank der modernen Technologie ist es nun kein Problem mehr, sich in entlegene Gegenden zurückzuziehen und dem Treiben der Städter aus der Entfernung zuzusehen. Selbstverständlich gehören zu Doras Ausrüstung ein Notebook und ein Handy,[141] die nicht nur ihre Arbeitsfähigkeit auf Distanz sicherstellen, sondern ihr auch den Zugang zu Internet, YouTube und Online-Zeitung gewähren, um ihr Unwissen in Wissen zu verwandeln: „Dass Dora vom Gärtnern nicht die geringste Ahnung hat, ist kein Hindernis. Wozu gibt es YouTube".[142] Alle notwendigen Informationen befinden sich nun zugriffbereit im virtuellen Netz: „Aus dem Internet weiß sie, dass die Pflanzzeit im April beginnt, [...]"[143] Ein Tutorial auf YouTube soll Dora auch helfen, sich mit der Sensentechnik vertraut zu machen, um das Gestrüpp auf ihrem Flurstück niederzumähen. So einfach ist dies jedoch nicht, wie sie feststellt: „Nach einigen weiteren Do-it-yourself-Videos auf YouTube klappt das mit dem Schärfen schon besser. Was allerdings die Verletzungsgefahr vergrößert".[144]

Überhaupt ersetzten virtuelle Netzwerke den direkten Verkehr zwischen Menschen, die sich nun viel mehr in den sozialen Medien zu Wort melden oder sich dort abbilden als im realen Umgang mit Mitmenschen:

> Die meisten Kollegen stecken mehr Energie in die Pflege ihrer Social-Media-Profile als in real existierende Freundschaften. Unermüdlich präsentieren sie ihre Kinder, Hunde, Häuser oder Frühstücksteller. Auf der Arbeit machen sie Werbung für Marken, in der Freizeit für sich selbst. [...] Man ist damit beschäftigt, interessant und wichtig zu sein. Und natürlich erfolgreich, im Beruf und privat. Ein Wettlauf von Konformisten, die sich als etwas Besonderes inszenieren.[145]

Zeh sieht in diesem Bedürfnis der virtuellen Zur-Schau-Stellung und des Wichtigmachens eine Reaktion des Menschen auf den Verlust fester, gesellschaftlicher Strukturen und abgegrenzter Identitätsräume. Schon am 12. Juli 2018 lieferte sie zu diesem Thema eine persönliche, sozio-politische Diagnose des Menschen in unserer heutigen digitalisierten, medialen und

141 „Handy" ist die gängige Bezeichnung für das Mobiltelefon oder auch Smartphone.
142 Zeh, 2021b: S. 8.
143 Ibidem: S. 9.
144 Ibidem: S. 76.
145 Ibidem: S. 96.

politischen Gesellschaft im Rahmen eines Vortrages im Campus TV der Universität Tübingen.[146] Der moderne Mensch erlebe ihrer Ansicht nach derzeit einen beunruhigenden Identitätsverlust, zermalmt zwischen Angst, Aufmerksamkeitsbedürfnis und der Suche nach der Befriedigung seiner Bedürfnisse im Sinne der Suche nach dem „glücklichen" Leben. Der Verlust der Einbindung in größere Einheiten als nur das eigene „Ich", wie beispielsweise die Familie, die politische Partei, der Sportverein, die kirchliche Gemeinschaft, die Gemeinde uvm., verhindere die Herausbildung eines Identitätsverständnisses mit einem das Ich transzendierenden Bezug. Daraus folge die Schaffung von exzentrischen Einzelwesen, einer Masse von „Turbo-Ichs",[147] wobei jeder allein mit seinen Verantwortlichkeiten, Niederlagen, Erfolgen, Erwartungen und Anforderungen fertig werden müsse, denn es gäbe keine übergeordnete Instanz mehr, wie beispielsweise die Religion, Gott, den Präsidenten oder andere Phänomene, die den Einzelnen von seiner Last befreien können. Dieses „Mit-uns-alleine-sein" in der großen Masse, „wie eine Schnecke deren Haus nicht mehr intakt ist"[148] erzeuge als Gegenreaktion Ängste, Stress und Geltungsbedürfnis. Letzterem werde durch die digitalen Medien entgegengesteuert, indem der Mensch nur in diesen virtuell personalisiert erscheine und sich individuell von der Masse abgehoben fühle. Allerdings setzte er sich hier auch Wertungen durch andere Internetbenutzer aus, wie beispielsweise durch die Anzahl der „like" oder der „follower".

Als erstrebenswerten Kontrast zur digital-virtuellen Gesellschaft zeichnet Zeh Gote als lobenswerte Ausnahme, der sich durch seine physische Präsenz, durch sein körperliches „Dasein" hervorhebt und vermutlich nicht einmal ein Handy besitzt: „Aber Dora weiß nicht einmal, ob Gote ein Handy besitzt. Er ist der einzige, den sie kennt, der nicht mit einem Kommunikationsgerät verwachsen ist. Vielleicht besteht darin das Geheimnis seiner besonderen Präsenz".[149]

---

146 Campus TV Tübingen. (2018). „Mediendozentur 2018 mit Juli Zeh", in: *Campus TV SPEZIAL*, 12.07.2018.

147 Ibidem.

148 Ibidem.

149 Zeh, 2021b: S. 381.

Zehs Unbehagen angesichts der aktuellen Entwicklung der digitalen Gesellschaft, in der der authentische, körperliche und identitätsfähige Mensch in einer globalisierten Welt untergeht, kommt hier neuerlich zum Ausdruck, wenn sie auch nicht die positiven Errungenschaften der digitalen Technologien verleugnet. Ebenso leidet die Qualität der menschlichen Kommunikations- und Sozialisierungsfähigkeit durch den Einsatz der virtuellen Technologien, die die menschliche Präsenz überflüssig machen.

Dieser Überzeugung der Entschleunigung von digitaler Technologie zugunsten qualitativer menschlicher Kommunikation im „Direktmodus" trägt Sadie in *Über Menschen* Rechnung, wenn sie feststellt, dass man oft den Eindruck habe, das Leben huscht am Menschen vorbei, ohne dass letzterer das Gefühl habe „da gewesen zu sein".[150]

Wenn Dora sich auch der Vorteile der digitalen Technik bewusst ist, so schätzt sie besonders die unmittelbare Nähe menschlicher Kommunikation und der ruhigen Routine im täglichen direkten Umgang, sie schätzt das rituelle gemeinsame Rauchen mit Gote an der Mauer: „Vor dem Schlafengehen geht Dora ein letztes Mal zur Mauer und pfeift. Dann kommt Gote, steigt auf eine Obstkiste, und sie rauchen gemeinsam, wobei sie schweigen".[151] Die Frage nach dem Verhältnis zwischen Digitalität und menschlichen, unmittelbarem Umgang wird in *Über Menschen* kontrafaktisch variiert, indem gängiges „digitales" Vokabular in die Handlung eingeflochten wird, mit Fokus auf den Menschen, der imstande ist, sich dem Zwang der digitalen Technik zu entziehen, als erstrebenswerte Lösung.

2.3. Überforderung

Zeh scheint im heutigen Menschen ein Wesen zu sehen, das im Kampf gegen ständige Überforderung steht. Schon in ihrem Roman *Neujahr* (2018) beschäftigt sich Zeh mit diesem Thema, das sie anhand der Hautfigur Henning inszeniert, einem überforderten Ehemann und Vater, der sich anstelle seiner besserverdienenden Frau um die beiden Kinder kümmert, zwischen Familienpflichten und Arbeit jongliert und darüber hinaus gegen

150 Ibidem: S. 218.
151 Ibidem: S. 316.

schwere psychische Traumata ankämpft, ohne dass die Umgebung etwas davon merken darf.[152]

Arbeitsrhythmus, Rechtspopulismus, Klimawandel und zuletzt Coronaepidemie, letztere durch Robert groß an die Wand geschrieben als Folge des Klimawandels, überfordern Dora und sind ausschlaggebend für ihre Entscheidung, Berlin gegen Bracken zu tauschen: „Dora kommt schon seit Wochen nicht mehr mit. Vielleicht auch schon seit Monaten oder Jahren, aber durch Corona ist das Nicht-mehr-Mitkommen manifest geworden“.[153] Genauso wenig kommt sie mit Roberts Überlegenheitsgefühl gegenüber komplexen Problemen, die sie selbst als schwer erfassbar empfindet, ins Reine: „Dora verstand nicht, woher Robert das sichere Gefühl für die Überlegenheit seines Lebensstils nahm. Sie kam da nicht mit“.[154] Dieses Gefühl der Hilflosigkeit gegenüber überdimensionierten, grenzenlosen und schwer kontrollierbaren Phänomenen wird durch Fluchtreaktionen in Geborgenheit und Sicherheit kontrahiert, wie Zeh dies an Doras Rückzug in ihr Haus in Bracken illustriert: „Sie (Dora, Anm. d. Verf.) wusste nur, dass sie das Haus brauchte. Dringend. Als Idee. Als mentale Überlebenstechnik. Als hypothetischen Notausgang aus dem eigenen Leben“.[155] Doras Suche nach Rückzug in die Geborgenheit aus der bedrohlichen Welt gleicht jener „[...] des modernen Globalisierungsbürgers [...], der neuerdings sein Eckchen Geborgenheit in der gleichzeitig groß und klein gewordenen Welt vermisst [...].[156] Wenn sich keine Flucht aus dieser angsteinflössenden Welt anbietet, gibt es die Alternative des sinnentleerten Weitermachens, ohne über das Warum nachzudenken:

> Weitermachen, auch wenn es sich unmöglich anfühlt. [...] Wenn man weitermacht, obwohl es sich unmöglich anfühlt, kommt manchmal das Würgen. Als hätte man etwas Verdorbenes auf dem Teller, das es trotzdem zu schlucken gilt. Dagegen hilft nur Augen schließen, Nase zuhalten und durch. [...] Entropie.[157]

---

152 Zeh, J. (2021a). *Neujahr Roman*. München. Btb Verlag.
153 Zeh, 2021b: S. 13.
154 Ibidem: S. 69.
155 Ibidem: S. 17.
156 Zeh, J. (2008a). *Alles auf dem Rasen: kein Roman*. München. Btb. S. 98.
157 Zeh, 2021b: S. 12–13.

Vermutlich muss man hier den Begriff „Entropie“ als den Energieaufwand, um sich gegen das Verstörende zu stemmen, verstehen, so als ob man versuchen würde kalte Energie zu warmer Energie zurückzuführen.[158]

In Sinne des energetisch aufwendigen Prozesses, um Unordnung in Ordnung zu verwandeln, bedient sich Zeh des 2. Hauptsatzes der Thermodynamik:[159]

> [...] der zweite Hauptsatz der Thermodynamik, der besagt, dass Unordnung immer ihrem maximalen Wert zustrebt, wenn man nicht enorme Energie aufbringt, um wieder Ordnung zu schaffen. Entropie. Daran muss Dora denken, wenn sie sich umsieht [...]. Bröckelnde Straßen, halb eingestürzte Scheunen und Ställe, von Efeu überwucherte ehemalige Kneipen. Schrottberge auf den Brachflächen, aufgeplatzte Mülltüten im Wald. Die Gärten mit ihren neuen Zäunen und frisch gestrichenen Häusern sind Inseln, auf denen die Menschen gegen Entropie kämpfen. Als reiche die Kraft jedes einzelnen nur für ein paar Quadratmeter Welt.[160]

Der Einsatz des Begriffes „Entropie“ als Maß der Energie, um Ordnung zu schaffen, weicht, wie schon angemerkt, von seiner eigentlichen

---

158 Ursprünglich verstand der Physiker Ludwig Boltzmann die ungeordnete Bewegung von Molekülen und Atomen in einem Gas oder in einer Flüssigkeit als Wärme. In einem abgeschlossenen System mit festem Volumen und fixer Teilchenzahl ist die Entropie umso grösser, je mehr Verteilungsmöglichkeiten (Mikrozustände) die Moleküle und Atome in einem Fluid haben.
In der Thermodynamik steht „Entropie“ für das Maß der Irreversibilität von Prozessen, das heißt für die notwendige Energie, um ein Teilchen wieder in seinen ursprünglichen Zustand zurückzuversetzen. Je irreversibler ein Prozess ist, desto grösser ist die Entropie. Dies wird durch die Formel: $\Delta S = \Delta QT$ ausgedrückt (Physikalische Soiree), d.h. die Entropieänderung ΔS hängt mit der zugeführten Wärme (ΔQ) und der Temperatur (T) zusammen (Welt der Physik, 2013).
Der 2. Hauptsatz der Thermodynamik besagt, dass die Wärmeenergie von selbst immer nur vom warmen Reservoir ins kalte Reservoir fließt, jedoch nie umgekehrt (Physikalische Soiree). Umgekehrt ist dies nur mit einem Arbeitsaufwand möglich.

159 Zeh interpretiert den 2. Hauptsatz der Thermodynamik als Energieaufwand, um aus Unordnung wieder Ordnung herzustellen. Jedoch ist es ungenau, Entropie als Unordnung zu bezeichnen, vielmehr geht es um eine maximale Verteilung der Teilchen und den damit verbundenen Informationsverlust.

160 Zeh, 2021b: S. 10–11.

physikalischen Bedeutung ab und wird von Zeh missverständlich mit „Unordnung“ in Verbindung gebracht.[161]

Der Kampf der Menschen gegen die allgegenwärtige Natur, Doras teilweise erfolglose Anstrengungen gegen die alles überwuchernde Natur in Bracken verweisen metaphorisch auf dieses Gefühl des Überfordertseins, auf das menschliche Wettrennen von Projekt zu Projekt, ohne jemals still zu stehen, gefangen in einem ausweglosen Teufelskreis:

> Gleichzeitig beginnt das nächste, noch wichtigere Projekt. Es gibt kein Ankommen. Streng genommen gibt es nicht mal ein Weiterkommen. Es gibt nur Kreisbahnen, auf denen sich alle bewegen, weil sie Angst vor dem Stillstand haben. [...] Nur Neueinsteiger glauben noch, man könne „es“ schaffen. Dabei ist „es“ unschaffbar [...] Die Schaffbarkeit von „es“ ist die Grundlüge der modernen Arbeits- und Lebenswelt.[162]

Ein solches auswegloses Projekt ist auch, mangels der notwendigen Mittel und Kenntnisse, die Verwandlung von Doras Flurstück in einen gepflegten Garten mit einem schön angelegten Gemüsebeet: „Der Kreislauf der Projekte könnte außer Kontrolle geraten. Der Anblick des Flurstücks macht das klar“.[163]

In den Bahnen der ausweglosen Kreisläufe des menschlichen Tuns, die als sinnlos empfunden werden – „Inzwischen hat fast jeder verstanden, dass das sinnlos ist“.[164] – versteckt sich zweifellos Nietzsches Idee des Nihilismus als Sinnlosigkeit des Seins und des Tuns:

> So erscheine es nun, „als ob es gar keinen Sinn im Dasein gäbe, als ob alles umsonst sei“. Dies sei der „lähmendste Gedanke, namentlich noch, wenn man begreift, dass man gefoppt wird und doch ohne Macht ist sich nicht foppen zu lassen“. In seiner „furchtbarsten Form“ gedacht aber sei dies der Gedanke „der ewigen Wiederkehr“: „das Dasein so wie es ist, ohne Sinn und Ziel, aber unvermeidlich wiederkehrend, ohne ein Finale in ‚Nichts‘“.[165]

---

161 Welt der Physik, 2013.
162 Zeh, 2021b: S. 18.
163 Ibidem: S. 19.
164 Ibidem: S. 18.
165 Stegmaier, W. (2018). *Anti-Lehren.: Szene und Lehre in Nietzsches Also sprach Zarathustra*. Cambridge. Open Book Publishers. S. 294.

Die Idee des Nihilismus als Sinnlosigkeit des Seins wird von Zeh schon in ihrem Roman *Corpus Delicti:Ein Prozess* aufgegriffen, als Folge des Gottesverlustes und des damit verbundenen Niedergangs eines stützenden Wertesystems, das den Menschen eine Orientierungshilfe in der heutigen globalisierten Welt bieten könnte.

In diesem Gefühl der sinnlosen Ausweglosigkeit darf es nicht zum Stillstand kommen, um über den Sinn des Daseins und Tuns tiefer nachzuforschen. Dora empfindet denn auch das Nichts-zu-tun-haben als Bedrohung, als Stressquelle: „Leider ist Freizeit in Wahrheit nur ein Geschenk, wenn sie gar nicht frei, sondern mit Aktivitäten vollgestopft ist. […] Echte Freizeit ist der Horror. […] Nur stumme Bedrohung".[166] Die Leere muss durch Aktivitäten, am besten durch „Projekte" ausgefüllt werden, wenn ihr Körper nicht kribbeln soll, so „als wäre er mit Kohlensäure gefüllt"[167] oder als würde er „an den Rändern" verschwimmen.[168] Mit der Leere läuft der Mensch Gefahr, den Sinn des Lebens zu hinterfragen. Robert hat den Vorteil, die persönliche Sinnfrage gelöst zu haben, indem er sich dem Kampf für eine Sache verschreibt: „Es musste sich gut anfühlen, für eine wichtige Sache zu kämpfen. Robert brauchte sich die Sinnfrage nicht mehr zu stellen".[169]

Dieser ständige Wettlauf des Menschen beim Im-Kreis-rennen hebt ihn vom realen Dasein ab, lässt ihn das Hier und Jetzt entbehren und die Gegenwart unbemerkt an ihm vorbeiziehen, ohne dass er sich in ihr bewusst aufgehalten hätte. Diesen Eindruck des versäumten Daseins bringt Sadie während eines Besuches bei Dora zum Ausdruck: „Manchmal hab ich das Gefühl, gar nicht mehr da zu sein […] Eines Tages ist man weg und war vorher gar nicht da".[170]

Das versäumte Dasein im endlosen Wirbel der modernen Welt führt zu Ängsten, einem vermehrten Bedürfnis nach Sicherheit und der Suche nach beruhigenden Lösungsmöglichkeiten, die der Bürger beim Staat zu finden vermeint, im Land des „Entitlement",[171] was für Zeh gleichbedeutend mit

166 Zeh, 2021b: S. 151.
167 Ibidem: S. 150.
168 Ibidem. S. 152.
169 Ibidem: S. 22.
170 Ibidem: S. 218.
171 Ibidem: S. 109.

„Anspruchsdenken“[172] auf Leistungen und Garantien durch den Staat bedeutet:

> Das Gefühl der Leute, ein wachsendes Anrecht zu besitzen. Auf mehr Sicherheit, mehr Komfort, weniger Störungen, weniger Schicksal. *Entitlement* führt ins Dauerkrisengefühl. Weil man niemals bekommt, was man will. Weil Anspruchsdenken nicht befriedigt werden kann. Auf die Dauerkrise folgte dann der Apokalypse-Verdacht.[173]

Diese Forderung nach Sicherheit und Risikounterdrückung führt für Zeh in undemokratische Regierungsformen, indem der Bürger im Namen der Risikoverminderung drastische Freiheitseinschränkungen in Kauf nimmt, wie die Coronakrise dies verdeutlicht. Die Angst vor Krankheit und Tod rechtfertigt, in den Augen vieler, die Freiheitseinschränkung im Lockdown, die Maskenpflicht, die Kontrolle und Überwachung durch den Staat. Zeh nimmt hier ein Thema auf, das sie schon ausführlich in ihrem Roman *Corpus Delicti: Ein Prozess* und in *Angriff auf die Freiheit: Sicherheitswahn, Überwachungsstaat und der Abbau bürgerlicher Rechte*[174] zur Sprache bringt. Angstzustände egal welchen Ursprungs, Terrorismus, Klimaapokalypse oder Bedrohung von Gesundheit und Leben, fördern antidemokratische Tendenzen und liefern dem Staat Vorwände, um autoritäre Maßnahmen zu treffen.

Auf die Frage, ob sie die Coronapandemie zum Zeitpunkt der Verfassung von *Corpus Delicti* vorausgeahnt hätte, verneinte Juli Zeh dies, aber was sie seit Jahrzehnten beobachtet und in *Corpus Delicti* verarbeitet habe „ist ein erst schleichender, dann rasanter Wertewandel innerhalb unserer Gesellschaften, und zwar von ‚Freiheit‘ als höchstem Wert hin zu ‚Sicherheit‘, wobei ‚Sicherheit‘ ein Synonym ist für den Wunsch nach der Kontrollierbarkeit der Zukunft“.[175]

---

172 Ibidem: S. 109.

173 Ibidem: S. 110.

174 Zeh, J., & Trojanow, I. (2009). *Angriff auf die Freiheit: Sicherheitswahn, Uberwachungsstaat und der Abbau bürgerlicher Rechte*. München. Carl Hanser Verlag.

175 Klausnitzer, R. (2020). „Literatur – Was läuft hier schief?“, in: *der Freitag*, Ausgabe 20/2020.

Die Hineinsteigerung in apokalyptische Szenarien, wie dies Robert vorführt, könnte als panische Suche nach einer Möglichkeit der Mitbestimmung im Weltgeschehen gewertet werden, denn in der modernen, aufgeklärten Gesellschaft fühlt sich der Mensch dazu berufen, seine Existenz rational zu kontrollieren. Horkheimer und Adorno bemerken dazu:

> Die Fatalität, durch welche die Vorzeit den unverständlichen Tod sanktionierte, geht ins lückenlos verständliche Dasein über. Der mittägliche, panische Schrecken [...] hat seine Korrespondenz gefunden in der Panik, die heute in jedem Augenblick bereit ist auszubrechen: die Menschen erwarten, dass die Welt, die ohne Ausgang ist, von einer Allheit in Brand gesetzt wird, die sie selber sind und über die sie nichts vermögen.[176]

Angesichts der abhanden gekommenen Gottesgläubigkeit, ist nun der Mensch auf sich selbst gestellt und muss mit seinen Ängsten so gut wie möglich fertig werden. Während Robert sich in seiner Panik in das Geschehen wirft und versucht, das Schicksal durch sein Zutun und seinen Aktivismus zu beeinflussen, sucht Dora ihr Heil in der Flucht, im Nicht-sehen-und nicht-wissen-wollen. Aktivismus gegen Passivität, Überschätzung der Gefahr gegen Unterschätzung derselben, Ernstnehmen gegen hochmütige Herablassung. Oder mutiger Kampf gegen feige Anpassung:

> Das Gehirn gewöhnt sich an die Vorgaben der Angst, integriert sie ins Denken und verwischt die Spuren. Man leidet nicht unter der Angst, sondern praktiziert sie. Man passt sich der veränderten Lage an, bis man schmerzlos mit dem Hintergrund verschmilzt.[177]

Dora verschmilzt mit den Kulissen von Bracken, sich an ihrer eigenen Feigheit rankend. Robert hingegen kämpft für ein besseres Klima und setzt sich gegen die Epidemie ein, teils aus aufrichtiger Angst, teils um seinem Tun Sinn zu verleihen. Diese störende Frage nach dem Sinn ihres Daseins beschäftigt Dora ständig, vor allem wenn sie stillsteht: „Aus Erfahrung weiß Dora, dass sie sich nicht zu lange ausruhen darf. Wenn die Pause zu lang dauert, beginnt sie zu rechnen, und auf Berechnungen folgt die Sinnfrage".[178] Dennoch, trotz angestrengtem Zur-Seite-schieben, kommt sie

---

176 Horkheimer, M., & Adorno, T. W. (2014). *Gesammelte Schriften Band 5: Dialektik der Aufklärung und Schriften 1940–1950*. Fischer Verlag: S. 51–52.
177 Zeh, 2021b: S. 177.
178 Ibidem: S. 16.

aus dem Teufelskreis der ungelösten existenziellen Frage nicht heraus, es fehlt ihr die Überzeugungsfähigkeit, um sich einem Lebensziel zu verschreiben, zu sehr ist sie mit dem Gedanken der Nutzlosigkeit im unüberschaubaren großen Ganzen verbunden: „Der Abgrund war die Vergeblichkeit. Robert wollte die Welt retten, aber der Welt war das egal".[179]

Doras Unfähigkeit, sich selbst einen festen Rahmen zu setzen, an Prinzipien und Ideen zu glauben, erscheint als Weiterführung von Mias anfänglicher Orientierungslosigkeit in *Corpus Delicti*: „Sie sitzt zwischen den Stühlen. Sie kann sich nicht entscheiden. [...] Sie wandelt zwischen Körper und Geist, zwischen Ja und Nein, zwischen Glauben und Atheismus. Sie weiß nicht zu welcher Seite sie gehört. Ihr Reich ist das Dazwischen".[180] Zeh bedient sich hier der Metapher der Zaunreiterin, um die Frage aufzuwerfen, wie es denn dem Menschen, der sich von religiösen oder sonstigen spirituellen Leitlinien losgelöst hat, gelingen soll, sich selbst einen Referenzrahmen in einer unfassbar weiten und amorphen globalisierten Welt zu schaffen. Genau diese Frage illustriert neuerlich Doras zwielichtiges, unentschlossenes Verhalten, zwischen Sehen und Nichtsehen, Gutheißen und Missbilligen, Verstehen und Nichtverstehen, Weiß und Schwarz, unfähig sich einer Überzeugung zu verschreiben: „Bei genauer Betrachtung zerbröseln alle Gültigkeiten und jede Idee hebt sich selber auf".[181] Als einzige Ausflucht aus ihrem haltlosen Dasein gibt es die Idealisierung der Reise ins Weltall mit dem Astronauten Alexander Gerst,[182] den Dora um die Neugierde als Lebensziel beneidet:

179 Ibidem: S. 53.
180 Zeh, J. (2020). *Fragen zu „Corpus Delicti."* München. Btb: S. 34.
181 Zeh, 2021b: S. 54.
182 Ibidem: S. 51, S. 132, S. 174, S. 182, S. 231, S. 235, S. 288.
Alexander Gerst ist ein deutscher Astronaut, der für die European Space Agency (ESA) tätig ist. Er wurde 1976 in Künselsau geboren, schrieb eine Masterarbeit und eine Dissertation über Vulkandynamik und erforschte Vulkane in der ganzen Welt. 2009 bewarb er sich als Astronautenkandidat bei der ESA und absolvierte 2010 das „Astronaut Basic Training". 2011 erhielt er die erste Weltraummission, 2014 zeichnete er sich durch hohe Professionalität in der Mission „Blue Dot" aus und wurde 2018 zum Kommandanten der internationalen Raumstation Expedition 57 ernannt. Er verbrachte bisher insgesamt 363 Tage im Weltall. Derzeit arbeitet er an wissenschaftlichen Projekten wie „Die

> Gerst sieht aus wie ein groß gewordener kleiner Junge, der sich zum Abenteuerspielen verkleidet hat. […] Weltraumforschung ist die Verlängerung der Kindheit ins All. […] Die Neugier ist grenzenlos. Wahrscheinlich sind Astronauten die letzten Menschen mit einem Ziel.[183]

Ziellosigkeit, gepaart mit nihilististischem Gefühl, lassen Dora vor Verantwortung und Engagement für Ideen, Ziele oder Vorhaben fliehen. Sie steht zwischen der Erde und dem Weltall, in ständiger Sehnsucht nach Alexander Gerst.

Die Tendenz des modernen Menschen immer schneller zu rennen wollen, sich selbst, seine Arbeit und seine Leerzeiten zu optimieren, im Versuch seinem Leben einen Sinn zu verleihen, verarbeitet Zeh kontrafaktisch in *Über Menschen* am gegenüberstellenden Beispiel Robert-Dora. Zwischen der überspitzten Variierung Roberts Existenzpanik und der überbetonten eskapistischen Resignation Doras als Antwort auf wichtige Fragen, die die heutige Gesellschaft bewegen, scheint es keinen Mittelweg der vernünftigen, verantwortungsbewussten Konfrontation mit den aktuellen Problemen der Gesellschaft zu geben, auf der luziden Suche nach Antworten auf offene Fragen.

2.4. Polarisierung zwischen Stadt und Land

Der Roman *Über Menschen* vermittelt eine starke Polarisierung zwischen Stadt und Land: die Stadt als organisierter Ort des Stresses und der ökonomischen Performanz, das Land als rettender, von Natur geprägter, Zufluchtsort. „Zwischen Berlin und Bracken. Zwischen Metropole und Provinz, Zentrum und Peripherie“ besteht ein „Clash of civilizations“.[184] Während die Städter hochorganisiert in ihrem tagtäglichen Transport- und Arbeitsinferno weitermachen, nimmt die vogelzwitschernde Natur am Land überhand. Im frenetischen Lebensrhythmus der Stadt bleibt keine Zeit für Freunde, Zeit ist Geld und darf nicht unnötig verschwendet werden nach dem Prinzip der „sunk cost fallacy. Die Verlorene-Kosten-Falle“.[185] Doras

---

nächsten Schritte zum Mond, das Lunar Gateway Project und die Zukunft der menschlichen Präsenz der ESA im erdnahen Orbit“ (E-ESA).

183 Zeh, 2021b: S. 174.

184 Ibidem: S. 132.

185 Ibidem: S. 58.

Vater JoJo ist ein typischer Vertreter dieses Stadtmenschen, der atemlos und pausenlos von Operation zu Operation, von Patienten zu Patienten eilt, häufig schlaflose Nächte verbringt und ständig mit seiner Limousine rasche Ortswechsel vornimmt:

> Dora nimmt das Bild in sich auf. Die einsame Straße. Die spiegelnde Limousine im Licht der Straßenlaternen. Daneben ihr aufrechter Vater mit silbernen Schläfen, Freizeitsakko, schwarzer Jeans und Ledertasche, vollkommen fremd in dieser Umgebung. Ein wandelndes Portal zu einer anderen Welt.[186]

Ganz gegensätzlich dazu ist das Lebenstempo am Land, die Zeit vergeht langsamer, die Natur konditioniert den Menschen und lehrt ihn, beschaulich die Stille genießen und dem Vogelgesang zuhören. Weniger Perfektion, weniger Stress, das Unkraut wächst, die Mauern bröckeln ab.

Die folgende Tabelle soll die sprachliche Gestaltung der kontrastierenden Gegenüberstellung von Stadt und Land in *Über Menschen* verdeutlichen:

Stadt	Land
„Natürlich ist das Leben in der Stadt stressig. Überfüllte S-Bahnen und die ganzen Spinner auf den Straßen. Dazu Deadlines, Meetings, der hohe Zeit- und Konkurrenzdruck in der Agentur“.[187]	„Um sie herum tut der Frühling, was er muss. […] Nichts wird beurteilt, alles wird benutzt. Was stirbt lässt sich verwerten. […] Tod und Geburt sind keine Dramen, sondern Scharniere der Lebensmechanik. Menschliche Aufregung spielt keine Rolle. Niemandem kann es gleichgültiger sein als einer Tannenmeise, ob die Menschheit zugrunde geht oder nicht“.[188]
„Städte sind Kontrollzentren für die dingliche Welt. Für jeden Gegenstand gibt es dort mindestens eine Person, die zuständig ist“.[189]	„Auf dem Flurstück gibt es nur […] eine herrschsüchtige Natur, die alles überwuchert, was sie in die rankigen Finger kriegt“.[190]

186 Ibidem: S. 268.
187 Ibidem: S. 9.
188 Ibidem: S. 75.
189 Ibidem: S. 9.
190 Ibidem: S. 10.

Stadt	Land
„In der Werbeagentur gehört das Weitermachen zum Alltag. Neue Deadline, neuer Pitch. Zu wenig Leute, zu wenig Zeit. Präsentation lief super, Präsentation lief scheiße. Etat gewonnen, Etat verloren. Wir müssen digitaler denken, wir müssen 360 Grad denken […]“.[191]	„Sie (Dora, Anm. d. Verf.) liebt die Stille, die durch das Summen der Insekten eher verstärkt als gestört wird. Das silbrige Zittern der Blätter und der süßliche Geruch von Kiefernadeln. Das geschäftige Treiben der Vögel, die in den ausladenden Baumkronen ihren Frühjahrsangelegenheiten nachgehen“.[192]
„Unter normalen Umständen absolviert sie zehnstündige Arbeitstage in der Agentur, führt noch auf dem Heimweg Telefonate und beantwortet ihre letzten E-Mails vor dem Schlafengehen“.[193]	„Stillhalten. Dem Leben beim Stattfinden zuschauen“.[194]
„Dora beherrschte Fehlerkultur und Kosten-Nutzen-Rechnung“.[195]	„Dora ist umgeben von Sachen, die tun, was sie wollen. Gegenstände die reparaturbedürftig, halb funktionstüchtig, verdreckt, verwahrlost, völlig zerstört oder gar nicht vorhanden sind, obwohl man sie dringend benötigt“.[196]
„Ihr Städter denkt immer nur ans Kaufen! Völlig verstrickt ins Eigentum. Hast du schon mal versucht, etwas wertzuschätzen, ohne zu fragen, wem es gehört?“[197]	„Danach steht sie reizüberflutet im Non-Food-Bereich und weiß nicht mehr, was sie kaufen soll. Als hätte sie nach zweieinhalb Wochen Landleben bereits das Konsumieren verlernt“.[198]

191 Ibidem: S. 12.
192 Ibidem: S. 65.
193 Ibidem: S. 38.
194 Ibidem: S. 252.
195 Ibidem: S. 59.
196 Ibidem: S. 9.
197 Ibidem: S. 153.
198 Ibidem: S. 103.

Stadt	Land
„Danke, reiche Städterin".[199]	„Während die besserverdienenden Städter in ihren Wohnungen verrückt werden, gräbt man in der belächelten Provinz die Gärten um und wartet auf Regen".[200]
„Fehlerkultur und Kosten-Nutzen-Rechnung"[201]	„Hier draußen auf dem Land herrscht eine Anarchie der Dinge".[202]

Die Anstrengungen der Städter, den Lauf der Lebensprozesse zu bestimmen, kontrastieren mit der resignierten Akzeptanz des natürlichen Seins, so wie es ist, am Land. Leben und Tod sind eins und gehören zur menschlichen Existenz. Diese Interpretation des Lebens, in Eintracht mit der Natur, verweist auf Thomas Manns Thematisierung des Todes als notwendiges Gegenstück zum Leben in seinem Roman *Der Zauberberg*, auf den Juli Zeh deutlich in ihrem Roman *Corpus Delicti: Ein Prozess* eingeht. Zeh befürwortet die Welt der Kranken in *Der Zauberberg* als dialektische Gegenwelt zur Gesundheitsdiktatur der METHODE. Gesundheit kann nicht ohne Krankheit, Leben nicht ohne Tod verstanden werden. Es gibt kein Licht ohne Schatten, ein absoluter Wert, jeder Relativität enthoben, führt zu dessen Vernichtung: „Aber es ist äußerst wichtig zu verstehen, dass man einen Wert nicht verwirklicht, indem man sein Gegenteil ausrottet".[203] Der Mensch kann sich nur selbst spüren, wenn er die Erfahrung relativierender Gegensätze macht: „Unser Selbst zeigt sich also nur in der Relation, das Absolute bringt uns zum Verschwinden".[204]

Genau dieses Relativitätsverständnis wird in Manns *Der Zauberberg* hervorgehoben, indem er Krankheit und Tod als Teil des Lebens sieht, das nicht aus der menschlichen Existenz weggedacht werden kann.

199 Ibidem: S. 162.
200 Ibidem: S. 103.
201 Ibidem: S. 59.
202 Ibidem: S. 9.
203 Zeh, 2020: S. 107.
204 Ibidem: S. 106.

> […] die einzig gesunde und edle […] auch die einzig religiöse Art, den Tod zu betrachten, die ist, ihn als Bestandteil und Zubehör, als heilige Bedingung des Lebens zu begreifen und zu empfinden, nicht aber […] ihn geistig irgendwie davon zu scheiden […] Der Tod ist ehrwürdig als Wiege des Lebens, als Mutterschoß der Erneuerung. Vom Leben getrennt gesehen, wird er zum Gespenst, zur Fratze – und zu etwas noch Schlimmerem.[205]

Zehs Gegenüberstellung der Stadt Berlin und des Dorfes Bracken gleicht, in der gleichen Fluchtlinie zu Mann, der metaphorischen Kontrastierung zwischen menschlicher Optimierungs- und Kontrollsucht und dem beschaulichen Landleben, in dem der Mensch sich damit abfindet, nicht das letzte Wort zu haben. Leben und Tod, Ordnung und Unordnung, Natur und Mensch bilden jeweils integrative Elemente eines Ganzen. In diesem Sinne wird in *Über Menschen* der Stadtmensch, in seiner Entfernung von der Natur und im Glauben letztere dominieren zu können, als „störend", da unfähig sich in die Natur einzufügen, verhandelt.

Besonders fällt Zehs häufig wiederholte Erwähnung und Einbindung der Vogelwelt in das Romangeschehen auf. Mal verbindet Dora Vogelgezwitscher mit Kindheitserinnerungen an die verstorbene Mutter, die Eichelhäher besonders liebte: „Auch der Eichelhäher ist wieder da. ‚Hallo Mama' sagt Dora und der Vogel lässt seinen Warnschrei hören. ‚Du hättest uns ruhig ein bisschen mehr Sinn für die Wirklichkeit beibringen können. […] Der Eichelhäher schüttelt das Gefieder […]".[206] Selbst in ihren Träumen assoziiert Dora die Erinnerungen an ihre Mutter mit Vögeln: „Die Mutter steht in der Küche bei offenem Fenster, weil sie gern den Vögeln zuhört […], Amseln, Blaumeisen, Rotkehlchen und Grünfinken flattern aus den Baumkronen herunter, um sich Leckerbissen zu holen".[207]

Mal fungiert der Vogelgesang als sonore Kulisse, sobald Dora nicht durch eigene Gedanken abgelenkt wird, unruhig nervös ist oder Unheilsames passiert: „Wenn man das Nachdenken unterbricht, sind unzählige Vogelstimmen zu hören".[208] Als Gote mit Freunden im Nachbargarten

---

205 Mann, T. (2013). *Der Zauberberg: Roman.* Frankfurt am Main. Fischer Taschenbuch Verlag. S. 278.

206 Zeh, 2021b: S. 165.

207 Ibidem: S. 314.

208 Ibidem: S. 37.

das Horst-Wessel-Lied anstimmt, fliegt eine Elster durch die Baumkronen. „Sie muss hier irgendwo ihr Nest haben. Oder sagt man Horst?“[209] So wird Doras wachsende Nervosität vor einer möglichen, schlaflosen Nacht vom Gesang einer Nachtigall begleitet: „Als es dunkel wird, beginnt [...] eine Nachtigall zu singen. Sehr laut, sehr psychedelisch. Viel weniger romantisch, als die Dichter behaupten. Eher eine ornithologische Ruhestörung“.[210] Nachdem Dora erfahren hat, dass sie gekündigt worden ist, bemerkt sie, wie im Garten Schwalben Präventivangriffe gegen eine Elster fliegen, „die einfach nur durchs Gras stolziert und sich für fremde Nester gar nicht interessiert“.[211] Während Dora Jojos Telefonanruf entgegennimmt, um von Gotes Untersuchungen an der Charité zu erfahren, zwitschern die Vögel „so eifrig, als wären sie mit der Kraft ihres Gesangs an der Herstellung eines neuen Tags beteiligt“.[212] Sobald Dora erfahren muss, dass Gote an einem Gehirntumor erkrankt ist, ist „alles, was Flügel und eine Stimme hat, in der Luft und singt“.[213] Die Feststellung der eindeutigen Verschlechterung seines Zustandes wird durch die Ausschau nach Eichelhähern oder nach anderen Vögeln begleitet, „die sich damit auskennen, dass das Leben immer weitergeht“.[214] Nervös, aber von Hoffnung erfüllt, erwartet Dora den kommenden Besuch ihres Vaters, um nach Gote zu sehen:

> In der Buche vor dem Haus sitzt ein Eichelhäher und dreht den Kopf, um sie abwechselnd mit dem linken und dem rechten Auge anzusehen. Nie zuvor ist einer in den Garten gekommen. Aber da sitzt er und hat eine Botschaft für sie, die lautet: Alles wird gut.[215]

Als das Dorffest zu Ehren Gotes, dessen Tage gezählt sind, zu seinem Ende neigt, „lassen junge Eulen ihre Bettelrufe ertönen. Fledermäuse gehen lautlos auf die Jagd [...].[216] Nach der ornithologischen Apotheose des letzten

209 Ibidem: S. 181.
210 Ibidem: S. 94.
211 Ibidem: S. 210.
212 Ibidem: S. 275.
213 Ibidem: S. 286.
214 Ibidem: S. 333.
215 Ibidem: S. 347.
216 Ibidem: S. 356.

Ausfluges mit Gote, bevor letzterer den Freitod findet, beobachten die Vögel das Schweigen: „Die Vögel schweigen. Vermutlich hocken sie aufgeplustert in den Nestern, die Flügel angelegt, und lassen die Tropfen an ihrem gefetteten Gefieder abperlen“.[217] Während der Trauerrede anlässlich Gotes Bestattung führt Dora mit sich ein Zwiegespräch darüber, welche Vogelarten möglicherweise in Berlin anzutreffen sind:

> Während der Ansprache von Pfarrerin Heinrich überlegt Dora, welche Vogelarten es in Berlin gibt. Und zwar in passender Menge. Es dürfen nicht zu viele sein, wie bei Tauben oder Spatzen, die die eigene Häufigkeit bedeutungslos macht. Aber auch nicht so wenige wie bei Zaunkönigen, deren Existenz man wegen ihrer Seltenheit vergisst. Amseln? Im Aussterben begriffen. Krähen? Zu laut, zu düster, zu viele. Elstern? Zu aggressiv. Schwalben? Zu hoch oben. Turmfalke? Zu schwer zu erkennen.[218]

Mal verstärken Vogelgeräusche die Landkulisse und/oder schöne, hoffnungsvolle Gefühle: „Ein Nachtvogel gleitet in lautlosem Flug vorbei“.[219] Dora genießt das abendliche Alleinsein, „[...] während Fledermäuse und Eulen durch die kühle Luft fliegen [...]“.[220] Während Dora sich an ihrem Lieblingsplatz im Wald aufhält, segelt ein Greifvogel lautlos zwischen den Stämmen.[221] Nachdem Dora und Franzi gemeinsam ein Video angesehen haben, sitzen beide auf der Treppe „während Fledermäuse und Eulen auf die Jagd gehen [...]“.[222] Bei einem Ausflug zum Ort von Gotes Kindheit erkennt Dora die Geräusche des Waldes: „[...] die Kakophonie der Vogelstimmen, das Rattern eines fleißigen Spechts“[223] und das Klopfen eines unermüdlichen Spechts.[224] Etwas später „entdeckt Dora den Eichelhäher. Irgendwie hat sie schon die ganze Zeit auf ihn gewartet“.[225] Von einem Hochsitz aus beobachten Dora, Gote und Franzi ein Pärchen Graureiher, das gemächlich auf den Schilfgürtel zustakst, einen Storch, Kraniche,

217 Ibidem: S. 398.
218 Ibidem: S. 410.
219 Ibidem: S. 140.
220 Ibidem: S. 142.
221 Ibidem: S. 165.
222 Ibidem: S. 185.
223 Ibidem: S. 361.
224 Ibidem: S. 362.
225 Ibidem: S. 364.

Wildgänse, Stockenten, Fasane, winzige Meisen, Rotkehlchen, Zaunkönige und Elstern.[226] Die Krönung dieses ornithologischen Festes ist das Erscheinen des seltenen Kampfläufers: „Ein Kampfläufer, flüstert Gote. Ganz selten“.[227]

Aus dieser „ornithologischen“ Analyse ergibt sich zunächst eine „Wortmalerei“, ein Wiederkehren von metaphorischen Bildern, die drei unterschiedliche Gemütszustände bei Dora bildlich untermalen: Kindheitserinnerungen an die geliebte Mutter, friedlich-freudige Empfindungen in Assoziierung mit der Natur sowie erregte und angespannte Zustände in Verbindung mit unangenehmen Erfahrungen. Diese sprachlichen Gemälde dienen weiteres dazu, Gotes Krankheitsverlauf zwischen Realitätssinn, Hoffnung und Trauer „ornithologisch“ aufzugliedern beziehungsweise Vorahnungen zu erwecken. Zeh führt zudem einen erstaunlichen Reichtum an Vogelarten vor Augen, der wiederum von der persönlichen Liebe der Autorin zur Tierwelt zeugt, wie dies schon die Hündin Jochen-der-Rochen, zu einer der Hauptfiguren des Romans erhoben, bestätigt.

Im Kontrast zur Natur, erscheint die Großstadt Berlin als ein Ort an dem alles perfekt, bis ins kleinste Detail organisiert ist und kein materieller Bedarf unbefriedigt bleibt, ein Ort an dem es allerdings keine Zeit zum Nachdenken, zum Anhalten und zur menschlichen Begegnung gibt. Stress, rasanter Arbeitsrhythmus bis in die Privatsphäre, überfüllte Transportmittel und Platzmangel sind der Preis für ein hochgeregeltes Leben, zu dem sich noch das unangenehme Gefühl des Eingesperrtseins während der Coronakrise gesellt.

Das Dorfleben wird, im Gegenspiel zum negativen Szenario des hoch urbanisierten Umfeldes, als unorganisiert bis spartanisch, ohne besonderen Komfort geschildert, in dem die Natur den Menschen dominiert. Wenn es auch wenig Infrastruktur gibt und das Einkaufengehen mühsam ist, werden diese Unannehmlichkeiten durch die Präsenz der Natur und die genuinen, menschlichen Begegnungen wettgemacht. Reichlicher Freiraum und Gartenarbeit erlauben die Selbstfindung des Menschen, indem er sich, in einem verlangsamtem Lebenstempo, seinen Gedanken hingeben kann.

---

226 Ibidem: S. 370.
227 Ibidem: S. 371.

Jedoch genau dieses Sich-den-Gedanken-hingeben ist für Dora problematisch, denn sie war es gewohnt, im ständigen Arbeits- und Leistungsdruck keine Zeit für existenzielle Fragen des Seins zu erübrigen, die sich nun, in der Ruhe des Landlebens, mit Wucht aufdrängen und ihr zum Bewusstsein bringen, wie schwierig das Nichtstun sein kann, wie sehr der Stadtmensch es verlernt hat, einfach nur „da zu sein", eine Fähigkeit, die Dora bei Gote bewundert. Ohne „da zu sein" erlebt der Mensch das Leben nicht wirklich, sondern huscht daran vorbei, gefangen in seinen unermüdlich kreisenden Gedanken, die ihn am Genuss des Hier und Jetzt hindern.

Zeh arbeitet hier kontrafaktisch eine radikal wirkende Polarisierung zwischen Stadt und Land heraus, indem sie dem Leben in urbanen Zentren einen stark negativen Anstrich verleiht im Kontrast zur überidealisierten Landidylle vor der Kulisse romantischen Vogelzwitschern und heiler Umwelt. Sie lässt ebenso stark ihre persönliche Bevorzugung des ländlichen Daseins einfließen, das sie im Gegensatz zur Stadt als „normal" und „frei" empfindet: Als Schriftstellerin möchte sie „am normalen Leben teilnehmen"[228] und sich frei fühlen, selbst wenn es am Land an Infrastruktur mangelt.[229] Dieses Gefühl des Freiheitsdrangs mit einhergehender Flucht aus der beengenden Stadt vermittelt Dora in *Über Menschen* sehr deutlich, wobei die diegetische Variation von Stadt- und Landleben als das Ergebnis eines stark subjektivierten, kontrafaktischen Schreibens erscheint.

228 Sibum, 2020.
229 van Bebber, W. (2016). „**Ein Besuch bei Juli Zeh** Clash der Dorfkulturen", in: *Der Tagesspiegel*, 29.05.2016.

3. Zur Sprache

Die Topoi des Romans sind gänzlich im Hier und Jetzt zu verorten, im heutigen, aktuellen Geschehen, die Coronaepidemie ist nach wie vor im Gange, die digitale Kultur ist weiterhin am Vormarsch ebenso wie die weltumspannende Globalisierung mit ihren zahlreichen angelsächsischen Fremdwörtern, die in der deutschen Sprache heimisch geworden sind.

Zumeist in der erzählenden dritten Person geschrieben, informieren Analepsen über vergangene Ereignisse und fingierte Prolepsen über zukünftige Wunschvorstellungen. Umgangssprachliche Ausdrücke, Ellipsen und Neologismen spiegeln den einfachen, ländlichen Kontext wider, reiches Coronavokabular vermittelt die aktuelle pandemische Situation und zahlreiche Fremdwörter, meist aus dem englischsprachigen Raum, beziehen sich auf die moderne, digitale Welt. Wortspiele, Neologismen und metaphorische Malereien ziehen sich durch den Roman.

Zahlreiche Analepsen informieren über das Leben vor Doras Niederlassung in Bracken: Vom Beginn ihrer Karriere als Texterin in einer kleinen Agentur in Münster, über die Texterschmiede in Hamburg bis hin zur angesehenen Agentur Notter & Friends, bevor sie nach Berlin übersiedelte.[230] Wie sie Robert im Glauben an einen vermeintlichen Fahrraddiebstahl vor einem Berliner Meldeamt kennengelernt hat.[231] Auch die Erinnerungen an die geliebte Mutter erfolgen stets mittels analeptischer Einschübe, wie beispielsweise Doras Erinnerung im epischen Präteritum:[232]

> Die Mutter steht in der Küche bei offenem Fenster, weil sie gern den Vögeln zuhört, während sie kocht. Dora ist noch ein Mädchen, vielleicht in Franzis Alter. Sie lehnt im Türrahmen und schaut zu, wie die Mutter gelegentlich eine Brotrinde oder kleingeschnittene Apfelschalen hinauswirft. [...] Aus dem Wohnzimmer ruft Jojo, dass sie noch die Ratten anlocken wird [...], aber darüber lacht sie nur [...] Dora spürt, wie sehr sie ihre Mutter liebt. [...] „Na, Mäuschen?“, sagt die Mutter. „Ich mache Pudding. Großer Topf. Statt Abendessen“.[233]

---

230 Zeh, 2021b: S. 56–57.
231 Ibidem: S. 59–61.
232 Ibidem: S. 314–316.
233 Ibidem: S. 314.

Die erzählende Stimme in der 3. Person, wird zeitweise durch eine auktoriale Erzählstimme abgelöst, die eine Einsicht in Doras Gefühls- und Gedankenwelt gewährt. So gibt sie Aufschluss über die Überlegungen, die Dora zu ihrer Arbeit im durch Corona bedingten Lockdown anstellt:[234]

> Dora erlaubt sich den Gedanken, dass alles in Ordnung sein könnte. Gut gelaufen. Glück gehabt. Wenn sie ohnehin nicht in die Agentur darf, kann sie ebenso gut in Bracken arbeiten wie in Berlin. [...] Alles kein Grund zur Panik. Dora bekommt noch einen großen Teil ihres Gehalts. Das WLAN läuft, und zwar auf Glasfaser [...]. Möglicherweise schafft sie es, sich zeitnah einen Schreibtisch zu organisieren. Wenn nicht, kann sie mit dem Notebook in der Küche sitzen [...]. Kein Problem.[235]

Zeh bedient sich der fingierten Prolepse als Jojo, Doras Vater, ankündigt, er werde nach Bracken kommen, um nach Gotes Gesundheitszustand zu sehen. Schon projiziert sich Dora in ein erwünschtes, aber unwirkliches Zukunftsgeschehen:

> Am Dienstag wird er feststellen, dass das Anwachsen der Raumforderung zum Erliegen gekommen ist, so, wie es in seltenen Fällen passiert. Er wird keine großen Hoffnungen machen wollen, aber doch dringend anraten, mit einer Therapie zu beginnen. Dora wird ihren Sportsfreund dazu überreden und ihn danach regelmäßig zur Chemo fahren. Eine neue Routine wird sich einstellen. Dora wird „Blühende Freundschaften“[236] erfolgreich machen und danach weitere kleine Unternehmen aus der Region als Auftraggeber gewinnen.[237]

Gotes Freitod setzt diesem imaginären Ansinnen ein brutales Ende.

3.1. Wortspiele, Neologismen und Metaphorik

Gerne bedient sich Zeh der Wortspiele. Der fiktive Dorfname „Bracken“ „klingt nach einer Mischung aus Brachen und Baracken“,[238] wobei das Adjektiv „brach“ auf verödetes, unbestelltes Land verweist und Baracken sich zumeist auf lauten Baustellen befinden auf denen „gebrackt“, also hart

---

234 Ibidem: S. 37–39.

235 Ibidem: S. 37–38.

236 „Blühende Freundschaften“ ist das Marketingkonzept, das sich Dora für den digitalen Vertrieb der Gärtnerei von Tom und Steffen ausgedacht hat.

237 Zeh, 2021b: S. 347.

238 Ibidem: S. 12.

gearbeitet wird. Wiederum assoziiert die „Brackener Brache“[239] das Dorf Bracken mit Einöde und Isoliertheit: „[...] jetzt steht sie hier, inmitten ihrer Brackener Brache, und bekommt es mit der Angst zu tun. Der Kreislauf der Projekte könnte außer Kontrolle geraten. Der Anblick des Flurstücks macht das klar“.[240] Bracken reimt auch auf das Wort „Kanacken“[241] als Anspielung auf das Thema Rassismus: „Doras Verstand beginnt, ‚Kanacken in Bracken‘ zu skandieren. Sie muss aufpassen, auf dem Reim nicht hängen zu bleiben“.[242]

Den Energieaufwand, den das Umstechen ihres Flurstückes erfordert, vergleicht Dora mit der physikalischen Entropie, an die sie bei jedem Spatenstich denkt: „Den Spaten in die Erde stechen. Entropie. En, zustechen, Tro, nachtreten. Pie, die nächste Ladung heraushebeln“.[243]

Mit Bezug auf die Coronapolitik werden Prozesse, die zur sozialen Segregation des Menschen beitragen, zum Neologismus „Vereinzelungsschleusen“: „Nach den Vereinzelungsschleusen ‚Berufseinstieg‘ und ‚Kinderkriegen‘ trat nun die Politik hinzu, um das Sozialleben noch sortenreiner zu machen“.[244]

Kurz nachdem Gote und seine Freunde das Horst-Wessel-Lied beendet haben, folgt Dora mit dem Blick einer Elster, die hier irgendwo ihr Nest hat. „Oder sagt man ‚Horst?“[245] fragt sie sich.

---

239 Ibidem: S. 19.

240 Ibidem: S. 19.

241 Der umgangssprachliche Begriff „Kanacke“ stammt vom hawaiianischen Wort „Kanak“ ab, das „Mensch“ bedeutet. Ursprünglich nannten deutsche Seefahrer Seeleute aus Ozeanien und Polynesien, die für ihren Fleiß und ihre gute Arbeit bekannt waren, respektvoll „Kannakermann“ oder „Kannaker“. Ab den 60er Jahren wandelte sich der Begriff im deutschen Sprachraum zu einem umgangssprachlichen Schimpfwort, mit dem seither Menschen mit südländischem Aussehen und getönter Hautfarbe beschimpft werden. Asiaten und Schwarze werden nicht mit dem Begriff „Kanacken“ identifiziert (Heine, 2016).

242 Ibidem: S. 90.

243 Ibidem: S. 13.

244 Ibidem: S. 88.

245 Ibidem: S. 181.

Rassistisches Denken wird zum krankhaft gekennzeichneten „Rassismustumor“,[246] während Gotes Gehirntumor euphemistisch in eine „Raumforderung“[247] mit Hoffnungsanspruch umgewandelt wird.

Gote ist nicht dem sicheren Tode geweiht, sondern wird „Darth Vader im frühlingsfarbenen Tarn“[248] zum Opfer fallen.

Insbesondere bei der Beschreibung von Doras Wohnhaus in Bracken lässt Zeh ihrer metaphorischen Vorstellungskraft freien Lauf:

> Irgendwie wirkt es zu klein für seinen Stuck und für das große Dach. Aber es besteht trotzig auf seiner Würde wie ein komischer alter Herr, der streng auf Haltung achtet. Die Dreiecke über den Fenstern sehen aus wie hochgezogene Augenbrauen. […] Als Kind hätte Dora auf die Freitreppe gezeigt und gesagt: „Guck mal, das Haus streckt die Zunge raus“. […] Die graue Wand wirkt pockennarbig.[249]

Freizeit bedeutet Stillstand und Alleinsein mit den ewig kreisenden Gedanken im Wettlauf nach Projekten. Zeh malt das Gefühl der Bedrohung durch Leerlauf metaphorisch: „Echte Freizeit ist der Horror. Sie dehnt sich in alle Richtungen wie ein Schlachtfeld, auf dem kein Feind zu sehen ist. Nur stumme Bedrohung“.[250] Dora fürchtet den Stillstand, Nichtstun und Mit-sich-selbst-alleine-sein verleihen ihr den metaphorischen Eindruck ihres Körpers, der an den Rändern verschwimmt.[251] Während Dora unfähig ist, ihre ständige, inflationäre Gehirntätigkeit abzuschalten, „rennen ihre Gedanken wie schnüffelnde Jagdterrier durchs Haus, auf der Suche nach etwas, mit dem sich die Wartezeit sinnvoll ausfüllen ließe“.[252] Wenn sie im Leerlauf nichts mit sich anzufangen weiß, kribbelt ihr Körper, „als wäre er mit Kohlensäure gefüllt“.[253]

---

246 Ibidem: S. 188.
247 Ibidem: S. 275; S. 281; S. 286.
248 Ibidem: S. 286.
Darth Vader ist ein todbringender Charakter in der Science-Fiction-Saga „StarWars“.
249 Ibidem: S. 36–37.
250 Ibidem: S. 151.
251 Ibidem: S. 152.
252 Ibidem: S. 50.
253 Ibidem: S. 150.

Dora verfällt in die neologisch-metaphorische „Rassismus-Starre“,[254] wenn in einem Gespräch rassistische Bemerkungen, Aussagen, Witze oder Anspielungen fallen. Um ihren inneren Zwiespalt zwischen der offenen Anprangerung rassistischer Haltungen oder dem feigen So-tun-als-ob-sie nicht-gehört-hätte zu beschreiben, rekurriert Dora auf den metaphorischen Vergleich: „Wie wenn man jemanden beim öffentlichen Pinkeln erwischt. Man möchte ihm sagen, er solle seine Körperteile einpacken und sich zum Teufel scheren. Aber dann schämt man sich so sehr, dass man schnell wegschaut und weitergeht“.[255]

Zeh bedient sich des metaphorischen Vergleichs mit der Bergwerkindustrie, um über die frühkindlichen Talentförderungen zu ironisieren: „Genau wie in einem Bergwerk wird in modernen Familien permanent gefördert. Das Schicksal der Menschheit hängt an frühkindlichem Englischunterricht und kindgerechten Hobbies“.[256]

Dora vergleicht ihre Hündin Jochen-der-Rochen metaphorisch mit einem japanischen Spielzeug: „Dora findet, dass Jochen aussieht wie etwas, das sich die japanische Spielzugindustrie ausgedacht hat. Etwas, das auf Knopfdruck blinkt, zappelt und Musik spielt“.[257]

Gotes Schädel wird mit einer Bowlingkugel verglichen,[258] seine körperliche Massigkeit ist jene des neologischen „Homo giganteus brackensis“,[259] Steffens Haar rahmt sein Gesicht „wie ein Vorhang, den man schließen kann, wenn die Vorstellung beendet ist“[260] und während er seine Online-Show registriert sitzt er auf einem Barhocker der zwischen den niedrigeren Sesseln aussieht „wie eine Giraffe unter Dackeln“.[261]

Dora erinnert sich, wie ihre Mutter sie und ihren Bruder Axel bei Regen zur außerschulischen Aktivität brachte und „das Auto roch wie ein nasses Tier“.[262]

---

254 Ibidem: S. 83; S. 86.
255 Ibidem: S. 86.
256 Ibidem: S. 168.
257 Ibidem: S. 42.
258 Ibidem: S. 43.
259 Ibidem: S. 191.
260 Ibidem: S. 152.
261 Ibidem: S. 237.
262 Ibidem: S. 400.

3.2. Sprache und Leben im ländlichen Dorf

Die Einfachheit der ländlichen Bevölkerung wird semantisch durch umgangs- oder mundsprachliche Ausdrücke wie „pinkeln“,[263] „doofe Frage, doofe Antwort“,[264] „Jepp.“,[265] „abhauen“,[266] „verdammter Zusammenhang“,[267] „Piepmatz“,[268] „krass“,[269] „Arschloch“[270] usw. hervorgehoben.

Noch deutlicher wird die Simplizität durch Ellipsen, die den sprachlichen Ausdruck auf ein Minimum reduzieren:

„Klar.Total.“,[271] „Nazi oder nicht, der tickt nicht ganz richtig.“,[272] „Morgen, Sadie“,[273] „Saatkartoffeln“,[274] „Aus Berlin abgehauen?“,[275] „Machen viele“,[276] „Stadt ist scheiße. Jetzt erst recht.“,[277] „Mach hinne!“,[278] „Einkaufen [...] Hopp, hopp.“,[279] „Keine Ahnung. Ab morgen Maske“,[280] „Wegen Corona geöffnet.“,[281] „Kannst rumkommen, grillen.“.[282]

Sätze mit volkstümlichen Ausdrücken vervollkommnen das sprachliche Bild des Dorfbewohners, der sich von der Politik „verarscht“[283] fühlt oder „heia“[284] macht.

---

263 Ibidem: S. 86.
264 Ibidem: S. 158.
265 Ibidem: S. 144.
266 Ibidem: S. 161.
267 Ibidem: S. 161.
268 Ibidem: S. 166.
269 Ibidem: S. 215.
270 Ibidem: S. 288.
271 Ibidem: S. 162.
272 Ibidem: S. 163.
273 Ibidem: S. 212.
274 Ibidem: S. 212.
275 Ibidem: S. 213.
276 Ibidem: S. 213.
277 Ibidem: S. 213.
278 Ibidem: S. 190.
279 Ibidem: S. 191.
280 Ibidem: S. 192.
281 Ibidem: S. 192.
282 Ibidem: S. 302.
283 Ibidem: S. 128.
284 Ibidem: S. 229.

3.3. Sprache und Coronaepidemie

Zeh übernimmt in *Über Menschen* Begriffe, die sich im Zuge der aktuellen Coronaepidemie vulgarisiert haben oder stellt typische, epidemiebedingte Situationen dar.

So halten die Kunden in den Warteschlangen Abstand voneinander, Klebebänder am Boden signalisieren die Gehrichtungen und Abstandspflichten,[285] die Ausdrücke „Virologen",[286] „Pandemie",[287] „Social Distancing. Exponentielles Wachstum. Übersterblichkeit und Spuckschutzscheibe"[288] sind in den täglichen Sprachgebrauch eingedrungen. Ebenso wie Masken und Mundschutz[289] zum Alltagsbild gehören und das Coronavirus überall als ein rötlicher „Massageball mit Gumminoppen"[290] auf den Titelseiten der Zeitschriften die Medienszene beherrscht.

Es ist eindeutig, „Corona hat alles verändert":[291] „Robert konvertierte vom Klimaaktivisten zum Epidemiologen" und die „Virologen wurden zu Medienstars".[292]

Debatten über Lockdown mit oder ohne Schulschließungen sowie über die Dauer und Rechtfertigung des Lockdowns entflammen die Öffentlichkeit. Zeh setzt den Eifer der Virusbekämpfung mit der „Entscheidungsschlacht gegen den Kontrollverlust"[293] gleich. Mortalität und Infektionszahlen unterstützen die Argumente der Virusbekämpfer.[294]

Manche Bürger bewegen sich im öffentlichen Raum nur noch mit Abstandmessgeräten, um gefährdende menschliche Nähe zu verhindern: „Einmal sah sie (Dora, Anm. d. Verf.) beim Spazierengehen einen

285 Ibidem: S. 103.
286 Ibidem: S. 28.
287 Ibidem: S. 29.
288 Ibidem: S. 11.
289 Ibidem: S. 102.
290 Ibidem: S. 103.
291 Ibidem: S. 38.
292 Ibidem: S. 72. Hier spielt Zeh auf den stark mediatisierten deutschen Virologen Christian Drosten an.
293 Ibidem: S. 137.
294 Ibidem: S. 138.

Mann, der ein Abstandmessgerät bei sich trug. Wenn es piepste, wedelte er mit den Armen und schrie: ‚Bleiben Sie weg!‘“[295]

Mit Dora, die „mit den Klopapierpackungen links und rechts unter die Arme geklemmt“[296] aus dem Supermarkt kommt, erinnert Zeh an den großen Ansturm vor allem auf Klopapier bis zur Erschöpfung der Produktions- und Lieferungskapazitäten knapp vor der Ankündigung des ersten Lockdowns in Deutschland im März 2020.[297] Trotz Corona bedingter Arbeitslosigkeit scheint es Dora unsinnig „während der Corona-Krise in die Selbständigkeit zu starten!“.[298]

Coronaleugner beschäftigen die deutsche Politik mehr noch als die Affäre George Floyd[299] in den Vereinigten Staaten.[300]

Dora ironisiert über die Aufhebung des Lockdowns anlässlich der Pfingstferien, um den Tourismus anzukurbeln:

> „Stell dir mal vor, wer da jetzt in den Strandkörben sitzt“ [...] All die Leute, die in den letzten Wochen Corona-Tagebücher geschrieben, Corona-Regeln befolgt, Corona-Talkshows geguckt, Coronagespräche geführt und Corona-Kritiker angeschrien haben. Aber jetzt ist Pfingsten.[301]

Der Mensch ist ein anpassungsfähiges Wesen, trotz des Virus' und dessen Gefahren schafft er sich eine neue Normalität, die „Corona-Normalität“: „Es gibt das Virus, aber nicht den Weltuntergang. Die Normalität ist stark, eine Naturgewalt. Sie bricht sich Bahn, wo immer sie kann“.[302]

Feststeht, dass alle Ängste haben, aber nicht dieselben: „Die einen fürchten sich vor Überfremdung, die anderen vor der Klimakatastrophe. Die einen vor Pandemien, die anderen vor der Gesundheitsdiktatur. Dora fürchtet, dass die Demokratie am Kampf der Ängste zerbricht“.[303]

---

295 Ibidem: S. 29.
296 Ibidem: S. 104.
297 Statista. (2022). „Toilettenpapier: Produktion bis September 2020“, 01.04.2022.
298 Zeh, 2021b: S. 231.
299 Zur Affäre George Floyd s. Kapitel 4.2.5.
300 Zeh, 2021b: S. 343.
301 Ibidem: S. 346.
302 Ibidem: S. 139.
303 Ibidem: S. 295–296.

Zeh beschäftigt sich mit dem Thema der Angst und dessen Zusammenhang mit dem Demokratiebewusstsein, einerseits, und der Suche des Bürgers nach Sicherheit, andererseits, bereits in ihren Schriften *Alles auf dem Rasen* und *Nachts sind das Tiere.*

Die individuelle Freiheit wird zusehends, durch den Wunsch des Bürgers nach trügerischer Sicherheit und Prävention, den staatlichen Kontrollmechanismen ausgeliefert, im vermeintlichen Glauben, so die zahlreichen Ängste zu betäuben. In der öffentlichen Debatte treten individuelle Freiheit und Sicherheit als Gegenspieler auf, wobei es um

> [...] physische Selbstbestimmtheit vs. Gesundheitspolitik oder Sterberecht vs. Euthanasieverbot (geht) – hinter vielen politischen Diskussionen der Gegenwart verbirgt sich der Widerstreit zwischen dem Konzept individueller Freiheit auf der einen und jenem von staatlich herbeigeführter Sicherheit und Kontrollierbarkeit auf der anderen Seite. Diese beiden Werte ergänzen und begrenzen sich; bis zu einem gewissen Grad schließen sie sich sogar gegenseitig aus.[304]

Besonders die Gesundheit darf nicht Spielball öffentlicher Interessen werden, der staatliche Eingriff in die intimste Sphäre des Menschen, nämlich des Körpers und der Gesundheit, muss mit der äußersten Vorsicht gehandhabt werden. Ist dies nicht der Fall, laufe für Zeh das System Gefahr, in undemokratische, die menschliche Würde verachtende Gefilde abzugleiten:

> Die Kernidee der Demokratie wurzelt in jenem intimen Bereich, in dem der Mensch frei ist, also die volle Hoheitsgewalt über sich selbst besitzt. Eigentlich sprechen wir hier nicht von Kostenkontrolle, sondern von Menschenwürde. Wer an diesen Grundsätzen rüttelt, pervertiert unser immer noch gültiges Menschen- und Gesellschaftsbild. Oder in der Sprache der Gesetzesinitiative ausgedrückt, er fügt dem Gesellschaftskörper vorsätzlich Schaden zu. Die Schweigepflicht sei aufgehoben, der Meldepflicht hiermit Genüge getan: Ein weiterer Fall von Erosion des demokratischen Denkvermögens im fortgeschrittenen Stadium wurde identifiziert. Schützt euch. Tut etwas dagegen.[305]

Insbesondere Zehs Roman *Corpus Delicti:Ein Prozess* antizipiert die Problematik, die nun zur brennenden Aktualität in der Coronakrise avanciert, der Akzeptanz autoritärer Regierungsmaßnahmen im Kampf gegen die

304 Zeh, 2008a: S. 24.
305 Zeh, J. (2016). *Nachts sind die Tiere: Essays.* München. Btb. S. 66.

Coronaepidemie im Namen der Gesundheit, wobei diese Akzeptanz in der Angst des Menschen vor Tod und Krankheit zu suchen sei.

In *Über Menschen* kommt Zeh wiederum auf ihre Befürchtung zurück, dass die menschlichen Ängste, welcher Natur sie auch seien, der funktionierenden Demokratie abträglich seien, indem Angst die Menschen in die vermeintlich schützenden Arme von undemokratischer Politik treibe.

Die stark kontrastierte Darstellung des verängstigten Städters in Berlin, der in Corona-Zeiten obrigkeitshörig „hinter den unzähligen Fenstern der endlosen Straßenzüge“[306] sitzt und Corona-Tagebücher führt, im Gegensatz zum unbekümmerten Bewohner von Bracken, der sich nur wenig um die staatlichen, Epidemie bedingten Einschränkungen kümmert und über freiheitseinschränkende Maßnahmen hinwegsieht, vermittelt den Eindruck, die Bewohner Brackens bilden ein Bollwerk gegen die befürchtete

Demokratieerosion. Hier kommt gewiss die Verantwortung des Einzelnen gegenüber der Kollektivität ins Spiel, die diese Darstellung als sehr fraglich erscheinen lässt.

3.4. Anglizismen als Modernitätsindikator

Ellipsen veranschaulichen den stressigen, kurzatmigen Arbeitsrhythmus des modernen Menschen, der dank digitaler Errungenschaften nicht nur zu jeder Stunde erreichbar ist, sondern nun auch auf Distanz, unabhängig von der geographischen Lage, arbeiten kann.

In Doras Werbeagentur ist jede verlorene Minute mit Gewinnverlust gleichzusetzen: „Neue Deadline, neuer Pitch. Zu wenig Leute, zu wenig Zeit. Präsentation lief super, Präsentation lief scheiße. Etat gewonnen, Etat verloren“.[307] Selbstverständlich bedient man sich im Berufsleben ganz natürlich zahlreicher Anglizismen, denn das klingt professionell: So bietet die Werbeagentur Sus-Y ihren Angestellten kein Montagsfrühstück, sondern das „Monday Breakfast“,[308] wenn man in einem digitalen Dokument weiter unten lesen möchte, muss man nach unten „scrollen“,[309] anstatt

306 Zeh, 2021b: S. 249.
307 Ibidem: S. 12.
308 Ibidem: S. 12.
309 Ibidem: S. 17.

der Fähigkeit, viele Aufgaben gleichzeitig zu erledigen, beherrscht man das „Multitasking“[310] und arbeitet nicht in offenen Büroräumen sondern im „Open Space“[311] oder, bedingt durch die Coronaepidemie, nicht zu Hause, sondern im „Home-Office“[312] und natürlich darf es keine profitschädigende Leerzeit geben, denn „sunk cost fallacy“[313] ist nicht wirtschaftlich im liberalen Kapitalismus.

Dora bekommt den Auftrag, ein Marketingkonzept für eine neue Jeansmarke auszuarbeiten, nicht um dafür zu sorgen, dass das neue Produkt in aller Munde ist, sondern dass es zum „Talk of the Town“[314] wird und dazu noch einen umweltfreundlichen Anstrich erhält im „Style of Sustainability“.[315] „Fairkleidung“[316] soll der neue Markenname sein, wobei sich nicht aus dem Namen des Produktes, sondern aus dem „Produkt-Naming bereits die komplette Kreation ableiten lasse“.[317]

Als Dora auf Google Maps nach den örtlichen Gegebenheiten rund um Bracken sucht, erfährt sie „laut Point-of-Interest-Analyse“[318] mit welcher Infrastruktur sie rechnen kann.

Wenn die deutschen Bürger das Anspruchsdenken pflegen, leben sie im Land des „Entitlement“,[319] das ein Dauerkrisengefühl vermittelt, weil die Menschen nie zufrieden sind mit, mit dem was sie haben.

Wenn Tom und Steffen die Blumen in einer Trockenkammer lufttrocknen so geschieht dies in der „Drying Chamber“ und nicht in der Trockenkammer.[320]

Dora stellt nicht fest, dass es starke kulturelle Unterschiede zwischen Berlin und Bracken gibt, die mitunter aufeinanderprallen, sondern dass ein „Clash of Civilizations“[321] existiert.

---

310 Ibidem: S. 50.
311 Ibidem: S. 25.
312 Ibidem: S. 80.
313 Ibidem: S. 58.
314 Ibidem: S. 79.
315 Ibidem: S. 79.
316 Ibidem: S. 79.
317 Ibidem: S. 80.
318 Ibidem: S. 99.
319 Ibidem: S. 109–110.
320 Ibidem: S. 129.
321 Ibidem: S. 132.

Alte Möbel, die neu geschliffen und lackiert werden, verwandeln sich nicht in neu aufgefrischte, sondern in „shabby chic“[322] Möbel, die sich gut in Doras Haus ausmachen.

Wenn Dora ein Buch über die aktuellen Lebensumstände des modernen Menschen liest, liest sie über dessen „conditio humana“.[323]

Die idiomatisch-pragmatische Vielfalt und Bildhaftigkeit in *Über Menschen* vermittelt Gefühle, Erinnerungen, Ängste, Zwiespälte, Stimmungen, Hoffnungen, Zeitgemälde und malt intrafaktisch variiert den „Zeitgeist“ der heutigen Gesellschaft in ihrer Konfrontation mit den Themen der aktuellen Gegenwart.

Nach der erfolgten näheren Untersuchung von Inhalt und Sprache des Romans soll nun gezielt auf die kontrafaktische Natur des Werkes eingegangen werden, um festzustellen, in welchem Verhältnis hier kontrafaktisches Schreiben und reale Fakten stehen, d.i. inwiefern realpolitische Geschehnisse in der diegetischen Dimension variiert werden. Um dies feststellen zu können, wird es darum gehen, die kontrafaktischen Hinweise im Roman den realen Fakten gegenüberzustellen. Dass es sich weniger um eine rein fiktive, sondern vielmehr um eine kontrafaktische Narrative handelt, scheint Michael Navratils Untersuchung zu Fiktion und Kontrafaktik klar zu bestätigen und soll in der Folge mit Bezug auf *Über Menschen* bestätigt werden.

322 Ibidem: S. 171.
323 Ibidem: S. 172.

4. Zwischen Fiktion und Realität: Kontrafaktische Untersuchung

Über Menschen als fiktive Erzählung steht dennoch mit beiden Beinen in der Gegenwartsepoche, denn Zeh liefert hier eine literarische Variation des aktuellen Zeitgeschehens. Im Roman finden sich zahlreiche Hinweise auf innen- und außenpolitische Ereignisse, die im Folgenden erläutert werden sollen, um die Verortung des narrativen Geschehens in der Aktualität zu veranschaulichen. Der Leser wird mit *Über Menschen* in der Simultanperspektive mit der eigenen Gegenwart konfrontiert, ohne dass eine zeitliche Distanz zwischen Romangeschehen und der Gegenwart geschaffen würde: Diese temporäre Koinzidenz zwischen dem narrativen und dem realen Geschehen soll hier theoretisch und praktisch zur Sprache kommen.

Michael Navratil sieht in der fiktiven Narration mit starkem Gegenwartsbezug die Literaturform einer „neue Fantastik in der Gegenwart“[324], im Gegensatz zur Vermutung eines „neuen Realismus“, wie ihn Mathias Politycki, Martin R. Dean, Thomas Hettche, Michael Schindhelm, Markus Gabriel, Moritz Baßler, Søren R. Fauth und Rolf Parr verteidigen.[325] Unter dem Begriff der „neuen Fantastik“ subsumiert Franz Rottensteiner eine „Konjunktur amimetischer Erzählformen, in ‚denen es eine Grenzüberschreitung aus der alltäglichen, für die Wirklichkeit ausgegebenen Welt der Vergangenheit wie der Gegenwart in irgendeiner Form gibt‘“.[326] Neben fiktionaler Unterhaltungsliteratur ohne besonderen Kritikanspruch muss jedoch auf die Möglichkeit der politischen, gesellschaftskritischen Literatur, die „fiktionale Realitätsabweichungen mit einem kritischen Realitätskommentar verbindet“,[327] hingewiesen werden. So sind Zehs *Corpus Delicti: Ein Prozess* sowie *Über Menschen* zwar fiktionale Narrative, die

---

324 Navratil, M. (2021b). *Kontrafaktik der Gegenwart*. Berlin. De Gruyter. S. 2.

325 Vgl. ibidem: S. 1.

326 Rottensteiner F.: „Eine kurze Geschichte der Fantastischen Literatur“. In: Assmann, P., & Brittnacher, H. (Eds.). (2004). *Andererseits: Die Phantastik: Imaginäre Welten in Kunst und Alltagskultur*. Weitre. Bibliothek d. Provinz. S. 105 in: Navratil, 2021: S. 2.

327 Navratil, 2021: S. 4.

aber einen stark kritischen Gegenwartsbezug aufweisen. Letzterer ist möglicherweise noch stärker ausgeprägt in *Über Menschen*, denn die Trennlinie zwischen Fiktion und Wirklichkeit scheint hier ganz aufgehoben zu sein. Die Verortung des Romans im Hier und Jetzt, vor der Kulisse der Coronaepidemie und politisch-realen Ereignissen – Greta Thunbergs Umweltkampf, Angela Merkels Coronapolitik, Rechtsextremismus, Globalisierung – lässt dessen fiktionalen Charakter fast in Vergessenheit geraten, so sehr liegen hier Fiktion und Realität nahe beisammen. Die literarisch gestaltete Fiktion erscheint hier als Grundgerüst und Anknüpfungspunkt, um sich kritisch mit der realen Gegenwart auseinanderzusetzen. In dieser Eigenschaft der faktisch besonders engen Verschmelzung zwischen Wirklichkeit und Fiktion scheint insbesondere für *Über Menschen* die alleinige Einordnung in die „Fantastik der Gegenwart" als unzulänglich. Vielmehr dürfte das Konzept der „Kontrafaktik" zutreffender sein, das Navratil, wie schon in der Einleitung zur Kontrafaktik vermerkt wurde, als „signifikante Variationen realweltlichen Faktenmaterials innerhalb fiktionaler Medien", bezeichnet,[328] wobei insbesondere das gegenwärtige politische Irritationspotenzial sowie das Schreiben darüber in den Vordergrund gerückt werden. Dass es sich in *Über Menschen* um Gegenwartsliteratur handelt, wenn nicht sogar um „Simultanliteratur", scheint, angesichts des Veröffentlichungsjahres 2021 in Verbindung mit den immediaten Gegenwartsbezügen unanfechtbar. Dass es sich bei *Über Menschen* um eine politische Literaturproduktion handelt, dürfte ebenso wenig zu bezweifeln sein, insofern sich Zeh eindeutig mit Fragen allgemeiner gesellschaftlicher Relevanz, die über die individuelle Sphäre hinausgehen, auseinandersetzt.[329]

Für das Verständnis kontrafaktischen Erzählens ist, nach Navratil, die Unterscheidung zwischen Fiktionalität/Faktualität – als „Unterscheidung auf der pragmatischen Ebene des Umgangs mit Texten"[330] – und Fiktivität/Realität – als „Unterscheidung auf der Ebene der Ontologie der

---

328 Ibidem: S. 5.

329 Vgl. ibidem: S. 196 sowie Wagner, S. (2015). *Aufklärer der Gegenwart: Politische Autorschaft zu Beginn des 21. Jahrhunderts – Juli Zeh, Ilija Trojanow, Uwe Tellkamp* (Vol. 20). Göttingen. Wallstein Verlag. S. 33.

330 Ibidem: S. 22.

Aussagegegenstände"[331] – wichtig, denn auf ontologischer Ebene ist die kontrafaktische Erzählung zwar fiktiv, aber implizit verweist sie auf reale Zusammenhänge und Tatsachen.

Dass Zehs Text fiktiv ist, bestätigt Tilmann Köppes Definition von fiktiven Texten:

> Was einen Text fiktional macht, ist [...] die Tatsache, dass der Text mit der Absicht hervorgebracht wurde, gemäß den Konventionen der Fiktionalitätsinstitution rezipiert zu werden. Für diese Rezeption ist wesentlich, dass Leser den Text einerseits zur Grundlage einer imaginativen Auseinandersetzung mit dem Dargestellten nehmen und andererseits von bestimmten Schlüssen vom Text auf Sachverhalte in der Wirklichkeit absehen; so darf man insbesondere nicht davon ausgehen, dass die Sätze des Werkes wahr sind oder vom Autor des Werkes für wahr gehalten werden.[332]

Diese textuelle Fiktionalität, im Sinne Köppes, muss gewiss auf *Über Menschen* Anwendung finden, insofern es sich hier um eine fiktive Romanhandlung handelt mit fiktiven Charakteren im fiktiven Dorf Bracken. Die häufige Schilderung von Doras Gedanken in der dritten Person Singular oder die Verwendung des epischen Präteritums bezüglich Doras Kindheitserinnerungen an die geliebte Mutter verleihen dem Text zusätzlich fiktionale Züge.[333]

334 *Über Menschen* 335 *Über Menschen*336

Als ebenso sehr auf *Über Menschen* zutreffend kann Simone Winkos und Fotis Jannidis Bemerkung, dass für kontrafaktische Literatur „nicht in erster Linie das Wissen in Literatur oder aus Literatur, sondern vielmehr das Wissen, das von Texten vorausgesetzt wird, damit ihre Bedeutung verstanden werden kann",[337] gewertet werden. So tauchen in *Über Menschen*

331 Ibidem.

332 Köppe, T. (2014). „Die Institution Fiktionalität" in Tobias Klauk (Hsg.): *Fiktionalität. Ein interdisziplinäres Handbuch.* Berlin / Boston. De Gruyter 2014. S. 35–49, in: Navratil, 2021: S. 87.

333 Vgl. Navratil, 2021: S. 88.

334 Vgl. ibidem.

335 Ibidem: S. 90.

336 Navratil, 2021: S. 104.

337 Winko, S., & Jannidis, F. (2015). „Wissen und Inferenz – Zum Verstehen und Interpretieren literarischer Texte am Beispiel von Hans Magnus Enzensbergers

zahlreiche real-faktuale Anspielungen auf, deren Kenntnis für das diegetische Verständnis des Romans vorausgesetzt wird. Wie diese kognitive Verknüpfung im Text erfolgt und wie genau sich die Beziehung zwischen Literatur und Realität in *Über Menschen* vollzieht, wird Gegenstand der folgenden Untersuchung sein.

In Zusammenhang der temporären „Quasisimultaneität" der Wirklichkeitsbezüge des Romans *Über Menschen* ist gewiss Zehs bereits erwähnte Bemerkung in *Alles auf dem Rasen* erhellend, indem sie feststellt, dass das Schreiben für sie „[...] kein Sprechen zu einem anderen Menschen (war). Es war nichts anderes als das Mitstenographieren von Gedankentätigkeit",[338] eine Art freudianische Tagträumerei, die sie zu Papier brachte. In *Über Menschen* scheint sich dieses „Mitstenographieren" zu vollziehen, indem Zeh „realweltliche Fakten auf ganz bestimmte Weise im Rahmen eines fiktionalen Mediums verwendet",[339] um das gesellschaftliche Hier und Jetzt kritisch zu beobachten und, simultan zu ihrer Beobachtung, niederzuschreiben.

Im Sinne des Einsatzes der Kontrafaktik zu politischen Zwecken nutzt Zeh tatsächlich kontrafaktisches Schreiben nicht dazu, um dem Leser zu einem besseren Verständnis der Fakten zu verhelfen, sondern „um die variierten Fakten zu werten, kritisch zu kommentieren oder im Rahmen der eigenen Diegese politisch zu funktionalisieren".[340]

Diese Faktenvariation – also der Vergleich von realweltlichem Fakt und fiktionalem Kontra-Fakt – bezieht sich in *Über Menschen* auf die deutsche Coronapolitik, auf die Klimafrage, auf den Austritt Großbritanniens aus der EU, auf Trumps gescheiterte Coronapolitik, auf aktuelle sozialpolitische Debatten (Homo-Ehe, Immigration, Rechtsextremismus) und auf die kulturelle Produktion.

So evoziert Zeh beispielsweise Greta Thunbergs Kampf für den Klimaschutz anhand Roberts fanatischer Gefolgschaft:

Gedicht Frühschriften", in: *Literatur interpretieren*, S. 221–250. Leyden. Brill Mentis. In: Navratil, 2021: S. 96.

338 Zeh, J., 2008a: S. 203.

339 Navratil, 2021: S. 96.

340 Navratil, 2021: S. 11–12.

> Im Fernsehen starrte Robert das Mädchen an wie eine Erscheinung [...]. Robert ging zu jeder Klimakundgebung, nicht nur als Berichterstatter, sondern auch als Aktivist. Wenn sich Greta in erreichbarer Nähe zeigte, reiste er hinterher, selbst wenn er zu diesem Zweck fliegen musste. [...]. Jetzt gab es für ihn nur noch ein Thema.[341]

Robert wird in seiner Begeisterung für Thunbergs Ideen politisch aktiv[342] und gründet sogar eine eigene Kolumne für Klimafragen. Er überträgt Thunbergs Klimafanatismus auf sein eigenes Leben und verlangt auch von Dora Anpassungen an ein „klimagerechtes" Leben: Verzicht auf Autofahren, veganes Essen, Kauf von Bioklamotten, Fleischverzicht, Arbeit für umweltfreundliche Firmen.[343]

Dora tut ihr Bestes, um seinen Forderungen nachzukommen, selbst wenn sie Schwierigkeiten hat mit Greta Thunberg's „How dare you"[344] anstatt Martin Luther Kings „I have a dream".[345]

Zeh inszeniert Roberts Einsatz für die sehr aktuellen Fragen des Klimaschutzes im Zusammenhang mit der nicht weniger aktuellen Coronapandemie seit Anfang des Jahres 2020 und bezieht sich sehr explizit auf die gesellschaftliche Erfahrung dieses weltumspannenden Ereignisses sowie auf die Handhabung der deutschen Politik mit letzterem.

Über Menschen ermittelt dabei eine scharfe Kritik an der deutschen Coronapolitik Angela Merkels, die nicht imstande sei, die realen Bedürfnisse und Schwierigkeiten der Bevölkerung zu berücksichtigen. So empfindet Tom in *Über Menschen* die Coronapolitik als eine „Volksverarschung"[346]:

> „Halb Bracken arbeitet in der Altenpflege" [...] „Häusliche Pflege, Essen auf Rädern, Seniorenheime. Beschissene Arbeitszeiten, miese Bezahlung, harter Job. Glaubst du, irgendeiner von denen hätte wegen Corona eine Schulung bekommen? Die tun ihre Arbeit wie immer. Bleibt ihnen ja nichts anderes übrig. Ohne

---

341 Ibidem: S. 67.

342 Zeh, 2021b: S. 20.

343 Ibidem: S. 21.

344 „Wie können Sie es wagen":
Zeh spielt hier auf Thunbergs entflammte Anschuldigungsrede vom 21. September 2019 am United Nations Climate Action Summit an.

345 „Ich habe einen Traum" – Anspielung an Martin Luther Kings weltberühmte Rede, die er am 28. August 1963 in Washington D. C. hielt.

346 Ibidem: S. 128.

> Hygieneplan, geschweige denn Schutzkleidung oder regelmäßige Tests. Fahren von Haus zu Haus, von einem Hochrisikopatienten zum nächsten. Weil sie nicht anders können. Währenddessen quatschen die Politiker hochwichtig herum, machen die Volkswirtschaft kaputt, ruinieren die Existenzen der kleinen Leute. Hocken im Fernsehen ohne Maske und reden davon, wie gefährlich die Pandemie ist".[347]

Nicht nur die deutsche Coronapolitik, sondern auch der aufsteigende deutsche Rechtsradikalismus mit der Erwähnung des Vorsitzenden der Fraktion der AfD Im Thüringer Landtag, Björn Höcke,[348] wird angeprangert. In derselben Linie denunziert Dora Trumps Coronapolitik[349] sowie dessen populistische Haltung, die die amerikanische Bevölkerung radikalisiert. Als Beispiele dafür werden die Ermordung von George Floyd und der Slogan „black lives matter" erwähnt.

Weitere Anspielungen auf die aktuelle Politik erfolgen mit der Erwähnung des Brexits,[350] der Ermordung des iranischen Generals Kassem Soleimani[351] und des Mordes von 22 Menschen in Kanada.[352] Innenpolitisch kommt es zu einer Anspielung auf die beiden Politiker der SPD Norbert Walter-Borjans und Saskia Esken.[353] Beiläufig wird auf das Schicksal der „Boat people" aus Aleppo verwiesen.

In den folgenden Kapiteln soll auf diese reiche Faktenvariation – also auf den Vergleich von realweltlichem Fakt und fiktionalem Kontra-Fakt – in *Über Menschen* näher eingegangen werden, um die kontrafaktischen Bezüge zwischen dem diegetischen und dem realen Raum zu verdeutlichen: deutsche Politikszene, der Austritt Großbritanniens aus der EU, Trumps gescheiterte Coronapolitik, aktuelle sozial-politische Debatten (Homo-Ehe, Immigration, Rechtsextremismus) und kulturelle Produktion.

Nur die Kenntnis dieser Realbezüge erlaubt die vollständige Erfassung des kritischen Potenzials des Romans, einerseits, sowie dessen Schwachstellen, andererseits. Unter ersteres ist der Interpretationsraum

---

347 Ibidem: S. 127–128.
348 Ibidem: S. 70.
349 Ebd., S. 202.
350 Ibidem.
351 Ibidem: S. 72.
352 Ibidem: S. 202.
353 Ibidem S. 72.

im Spannungsfeld zwischen den Aussagen in *Über Menschen* und deren Referenzen auf die extratextuelle Realität zu subsumieren.[354] Unter letztere fallen die leichtfertig abwertende Haltung, ohne wissenschaftliche Untermauerung, gegenüber der Klimafrage und der Coronapolitik, indem *Über Menschen* dazu aufzurufen scheint, die fortgeschrittene Zerstörung des Planeten zu ignorieren und die Gefahr des Coronavirus ironisch herunterzuspielen. Dieser implizite Aufruf erscheint, seitens einer vielgelesenen Autorin mit einem starken Einflusspotenzial auf die öffentliche Meinung, als sehr fragwürdig, trotz des geltenden Grundprinzips der Meinungs- und Gedankenfreiheit.

4.1. Angela Merkels Coronapolitik

In Über Menschen bezieht sich Zeh direkt auf die deutsche Bundeskanzlerin Angela Merkel, im Amt vom 22. November 2005 bis 8. Dezember 2021. Sie wurde nun nach den Neuwahlen im Dezember 2021 durch den Sozialdemokraten Olaf Scholz abgelöst. In Roman heißt es, Frau Merkel verbitte sich

> Diskussionen über eine Lockerung des Lockdowns. [...] Ein Impfstoff wird nach Meinung der Experten bald gefunden werden beziehungsweise nach Meinung anderer Experten noch Jahre auf sich warten lassen. [...] Die Schulen sollen bis zu den Sommerferien auf alle Fälle geschlossen bleiben beziehungsweise auf alle Fälle wieder öffnen.[355]

Zehs Ironie über die Verwirrungen und Widersprüche in der politischen Entscheidungsfindung im Kampf gegen die Epidemie ist hier schwer zu übersehen. Politiker und medizinische Spezialisten, allen voran der stark mediatisierte Virologe Christian Drosten[356] sowie seine Kollegen Alexander Kekulé[357] und Hendrik Streeck,[358] standen der Herausforderung der Coronaepidemie notwendigerweise unsicher und widersprüchlich gegenüber und verloren sich

354 Vgl. ibidem: S. 117.

355 Ibidem: S. 104.

356 Professor Christian Drosten ist Direktor des Instituts für Virologie der Berliner Charité.

357 Professor Alexander Kekulé ist Direktor des Instituts für Medizinische Mikrobiologie des Universitätsklinikums Halle.

358 Professor Hendrik Streeck ist Direktor des Instituts für Virologie des Universitätsklinikums Bonn.

in vielen Debatten ohne Möglichkeit, den Bürgern wissenschaftliche Gewissheiten zu bieten.

Diese Verwirrungen angesichts der epidemischen Herausforderung erschienen umso befremdlicher, als letztere schon vor acht Jahren als mögliches Szenario gezeichnet wurde. Tatsächlich präsentierte der Deutsche Bund bereits am 13. Januar 2013 die Darstellung eines voraussichtlichen, möglichen Verlaufs einer zukünftigen Coronaepidemie, die als weltumspannend vermutet wurde, mit einer Tödlichkeitsrate von 10%, verursacht durch das hypothetische Virus „Modi-Sars" der Familie der Coronaviren, das die Lunge angreift und nur durch eine breit angelegte Impfkampagne zu bekämpfen sein werde:

> Das hypothetische *Modi-SARS*-Virus ist mit dem natürlichen SARS-CoV in fast allen Eigenschaften identisch. Die Inkubationszeit, also die Zeit von der Übertragung des Virus auf einen Menschen bis zu den ersten Symptomen der Erkrankung, beträgt meist drei bis fünf Tage, kann sich aber in einem Zeitraum von zwei bis 14 Tagen bewegen. Fast alle Infizierten erkranken auch. Die Symptome sind Fieber und trockener Husten, die Mehrzahl der Patienten hat Atemnot, in Röntgenaufnahmen sichtbare Veränderungen in der Lunge, Schüttelfrost, Übelkeit und Muskelschmerzen. Ebenfalls auftreten können Durchfall, Kopfschmerzen, Exanthem (Ausschlag), Schwindelgefühl, Krämpfe und Appetitlosigkeit. Die Letalität ist mit 10% der Erkrankten hoch, jedoch in verschiedenen Altersgruppen unterschiedlich stark ausgeprägt. Kinder und Jugendliche haben in der Regel leichtere Krankheitsverläufe mit einer Letalität von rund 1%, während die Letalität bei über 65-Jährigen bei 50% liegt. [...] Die Übertragung erfolgt hauptsächlich über Tröpfcheninfektion, da das Virus aber auf unbelebten Oberflächen einige Tage infektiös bleiben kann, ist auch eine Schmier-infektionen möglich. Mit Auftreten der ersten Symptome sind die infizierten Personen ansteckend. [...] Zur Behandlung stehen keine Medikamente zur Verfügung, so dass nur symptomatisch behandelt werden kann. Ein Impfstoff steht ebenfalls für die ersten drei Jahre nicht zur Verfügung. Neben Einhaltung von Hygienemaßnahmen können Schutzmaßnahmen in dem Sinne also ausschließlich durch Absonderung Erkrankter bzw. Ansteckungsverdächtiger, sowie den Einsatz von Schutzausrüstung wie Schutzmasken, Schutzbrillen und Handschuhen getroffen werden. Absonderung, Isolierung und Quarantäne sind aber nur von begrenzter Wirksamkeit, da schon bei Beginn der Symptomatik eine sehr ausgeprägte Infektiosität besteht.[359]

359 Deutscher Bundestag. (2013). „Deutscher Bundestag Unterrichtung durch die Bundesregierung Bericht zur Risikoanalyse im Bevölkerungsschutz 2012". S. 58–59.

Angesichts dieser unglaublich zutreffenden Mutmaßungen über einen zukünftigen, möglichen Epidemieverlauf bereits im Jahr 2013 ist die anfänglich chaotische Handhabung der sanitären Situation desto verwunderlicher.

Anlässlich des Ausbruchs der Coronaepidemie begründete Angela Merkel in einer Fernsehansprache vom 18. März 2020 die Schließung der deutschen Grenzen sowie die Notwendigkeit der Distanzeinhaltung zwischen Menschen wobei sie, entgegen ihres gewöhnlich neutralen Tons, an Solidarität und vernünftiges Handeln mit Herz, um Leben zu retten, appellierte.[360] Ihre Rhetorik während der Coronakrise verband weiterhin stets wissenschaftliche Fakten mit gleichzeitigem Anruf an Herz, Menschlichkeit und Emotionen.[361]

Die Handhabung dieses, wie man nun weiß, erwarteten epidemischen Ereignisses, erfolgte in einem Kontext überforderter Dringlichkeit, in Konfrontation mit einem chronischen Mangel an Masken und sonstigen Schutzmaterialien, was besonders im medizinischen Bereich zu bedenklichen Engpässen führte. Um aus der Not eine Tugend zu machen, behaupteten die Regierung und das RKI vorderhand, das Tragen einer Maske sei kein Selbstschutz, sondern schütze die anderen. Diese Behauptung wurde, sobald die Maskenknappheit überwunden war, in der Folge dahingehend revidiert, dass ein Nasen-Mund-Schutz ebenso Selbstschutz gewähre und nun Selbstschutz und kollektiver Schutz koinzidieren.[362]

Im Bestreben, durch staatlich zwingendes „Krisenmanagement" die Individuen zu Selbstdisziplin und individueller Prävention durch soziale Distanz, Hygienemaßnahmen und Selbstisolation zu nötigen,[363] kam es zur dringlichen Erweiterung des deutschen Infektionsschutzgesetzes vom 20.07.2000[364] am 28. März 2020,[365] mit einschneidenden Einschränkungen der individuellen Rechte und Freiheiten im Namen des Kampfes gegen das Coronavirus. Zu den Grundfreiheiten des deutschen Bürgers ist anzumerken, dass die deutsche

360 Vgl. Drotbohm, H., & Reichardt, S. (2020). „Die Grenzen der Solidarität: Regierungstechniken in Zeiten von Corona", in: *Geschichte Und Gesellschaft*, *46*(3), S. 404.

361 Kasirye, V. (2020). „Motherly Crisis Management" in *ARISE 69*, 29.12.2020. Konrad Adenauer Stiftung, S. 17.

362 Ibidem: S. 407.

363 Ibidem: S. 406.

364 Bundesgesetzblatt. (2000). „Gesetz zur Neuordnung seuchenrechtlicher Vorschriften", BGBl. Teil I, 2000, Nr. 33, 25.07.2000.

365 Bundesgesetzblatt. (2020). „Gesetz zum Schutz der Bevölkerung bei einer epidemischen Lage von nationaler Tragweite", BGBl. Teil I, Nr. 14, 27.03.2020.

Verfassung individuelle persönliche Freiheit, Leben und körperliche Unversehrtheit im Art. 2 des Grundgesetzes verankert:

> (1) Jeder hat das Recht auf die freie Entfaltung seiner Persönlichkeit, soweit er nicht die Rechte anderer verletzt und nicht gegen die verfassungsmäßige Ordnung oder das Sittengesetz verstößt.
>
> (2) Jeder hat das Recht auf Leben und körperliche Unversehrtheit. Die Freiheit der Person ist unverletzlich. In diese Rechte darf nur auf Grund eines Gesetzes eingegriffen werden.[366]

Die Bewegungsfreiheit, als Teil der individuellen persönlichen Rechte, die in Artikel 2 allgemein verankert sind, kann, gemäß Art. 11 der deutschen Verfassung, nur durch ein Gesetz und nur in besonders schwerwiegenden Situationen eingeschränkt werden:

> (1) Alle Deutschen genießen Freizügigkeit im ganzen Bundesgebiet.
>
> (2) Dieses Recht darf nur durch Gesetz oder auf Grund eines Gesetzes und nur für die Fälle eingeschränkt werden, in denen eine ausreichende Lebensgrundlage nicht vorhanden ist und der Allgemeinheit daraus besondere Lasten entstehen würden oder in denen es zur Abwehr einer drohenden Gefahr für den Bestand oder die freiheitliche demokratische Grundordnung des Bundes oder eines Landes, zur Bekämpfung von Seuchengefahr, Naturkatastrophen oder besonders schweren Unglücksfällen, zum Schutze der Jugend vor Verwahrlosung oder um strafbaren Handlungen vorzubeugen, erforderlich ist.

Das Zusammenspiel der Rechte auf Gesundheit, körperliche Unversehrtheit und Schutz vor Seuchen bildet, im Rahmen der Epidemie Covid-19, die Grundlage für das Ergreifen von freiheitseinschränkenden Maßnahmen, unter der Bedingung, dass letztere verhältnismäßig zur Bedrohung seien, also einen „legitimen, verfassungsrechtlich unbedenklichen Zweck verfolgen und zur Erreichung dieses Zweckes auch geeignet, erforderlich und angemessen sind".[367]

Es muss dabei abgewogen werden zwischen dem Gewicht der Grundrechte, wie beispielsweise Bewegungsfreiheit vs. Gesundheit, und jede Maßnahme muss auf ihre Unabdingbarkeit sowie auf Ihre Wirksamkeit

---

366 Deutscher Bundestag. (1949). „Grundgesetz für die Bundesrepublik Deutschland".

367 Schmelzing, F. (2020). „Corona und das Grundgesetz", in: *Freilaw* 2/2020, S. 76–78.

bezüglich des Zieles untersucht werden. Sobald letztere diesen Kriterien nicht mehr entspricht, muss sie umgehend zurückgezogen werden.

Juli Zeh drückte sich bezüglich des häufig angewendeten Arguments der Exekutive, es gäbe keine Alternative zur Epidemiebekämpfung als jene der temporären Einschränkung der Grundrechte, mit folgenden Worten aus:

> „Alternativlos" ist ein anderer Begriff für „Keine Widerrede!" und damit ein absolut undemokratisches Konzept. Ein ernsthafter Diskurs – etwa darüber, welche Grundrechtseinschränkungen verhältnismäßig sind und welche nicht – könne auch unter Zeitdruck stattfinden. In einer Demokratie darf man sich die Möglichkeit dazu nicht nehmen lassen.[368]

Zeh besteht besonders auf der Abwägung der Verhältnismäßigkeit zwischen den einzelnen Grundrechten, die ihrer Ansicht im Rahmen demokratischer Prozesse zu erfolgen habe, selbst wenn diese nicht immer der Dringlichkeit der Situation entsprechen. Letztere dürfe niemals als Vorwand dienen, demokratische Vorgangsweisen zu unterhöhlen.

Die gesetzliche Grundlage der Maßnahmen zur Bekämpfung der Epidemie Covid-19, unter Berücksichtigung des Grundgesetzes, bildet in Deutschland das bereits erwähnte Infektionsschutzgesetz (IfSG) vom 20. Juli 2000, das in einem Eilverfahren durch das Gesetz vom 28. März 2020 erweitert wurde. Ziel des Gesetzes für Infektionsschutz (IfSG) ist es „übertragbare Krankheiten beim Menschen vorzubeugen, Infektionen frühzeitig zu erkennen und ihre Weiterverbreitung zu verhindern", sobald es zu einer landesweiten Epidemie kommt. Auf Grundlage dieses Gesetzes sind die Bundesländer befugt Rechtsverordnungen oder Allgemeinverfügungen zu erlassen, um Maßnahmen gegen die Verbreitung des Sars-Cov-2 zu ergreifen. Dazu gehören die Schließung von Lokalen, von Schulen, die Maskenpflicht, das Versammlungsverbot, das Abstandsgebot, die Einschränkung der Freizügigkeit, Meldepflichten uvm.

Nach Paragraf 5, Absatz 1 desselben Gesetzes liegt eine epidemische Lage von nationaler Tragweite vor, wenn eine ernsthafte Gefahr für die öffentliche Gesundheit in der gesamten Bundesrepublik Deutschland besteht, weil

368 MAZ Online (2020). „Juli Zeh über die Corona-Krise: „Im Grunde schüchtert man die Bevölkerung ein", in: *MAZ – Märkische Allgemeine*, 05.04.2020.

1. die Weltgesundheitsorganisation eine gesundheitliche Notlage von internationaler Tragweite ausgerufen hat und die Einschleppung einer bedrohlichen übertragbaren Krankheit in die Bundesrepublik Deutschland droht oder
2. eine dynamische Ausbreitung einer bedrohlichen übertragbaren Krankheit über mehrere Länder in der Bundesrepublik Deutschland droht oder stattfindet.

Ist eine solche Situation gegeben, kommt das Infektionsschutzgesetz in seiner erweiterten Form, gleichbedeutend mit einem epidemisch bedingten Ausnahmezustand, zur Anwendung. Die Bestimmungen des IfSG blieben im epidemischen Kontext zunächst bis zum 21. März 2021 in Kraft und wurden bis zum 25. November 2021 verlängert.[369]

Letztendlich endete die epidemische Notlage von nationaler Tragweite am 25. November 2021, dennoch wurde das Infektionsschutzgesetz durch weitere infektionsschutzrechtliche Maßnahmen ergänzt, auf die die Bundesregierung bis 19. März 2022, mit einer einmaligen dreimonatigen Verlängerungsmöglichkeit, weiterhin zurückgreifen konnte: Arbeitsplatzbeschränkungen (geimpfte, genesene oder getestete Personen), Homeoffice-Pflicht, allgemeine Testpflichten, Abstandsgebote, Kontaktbeschränkungen, Maskenpflichten, Auflagen für Bildungseinrichtungen. Hingegen sind flächendeckende Ausgangssperren sowie Schließungen von Bildungseinrichtungen, Einzelhandel und Gastronomie nicht mehr möglich.

Am 18. März 2022 trat das Gesetz zur Änderung des Infektionsschutzes in Kraft[370] und verfügte die Aufhebung der Corona spezifischen Maßnahmen, mit Ausnahme der Maskenpflicht in den öffentlichen Verkehrsmitteln.

Nach dem letzten Stand am 29.09.2022 erfuhr das Infektionsschutzgesetz eine letzte Änderung durch einen Beschluss des Bundestages am 8.

---

369 Deutscher Bundestag. (2021a). „Deutscher Bundestag Antrag der Fraktionen der CDU/CSU und SPD-Feststellung des Fortbestehens der epidemischen Lage von nationaler Tragweite", 11.06.2021.
Deutscher Bundestag. (2021b). „Stenografischer Bericht 238. Sitzung", S. 30993 ff., 25.08.2021.

370 Bundesgesetzblatt (2021). „Gesetz zur Änderung des Infektionsschutzgesetzes und anderer Vorschriften", BGBl. 2021, Teil I Nr. 79, 23.11.2021.

September 2022, der seit 1. Oktober 2022 in Kraft ist. Dem Text zufolge bleibt die Maskenpflicht im öffentlichen Fernverkehr und in medizinischen Einrichtungen. Landesregierungen sind weiterhin befugt, je nach der Intensität des Infektionsgeschehens, zusätzliche Maskenpflichten, Abstands- und Hygieneregeln sowie Personenzahlobergrenzen einzuführen.[371]

Die Verabschiedung des Gesetzes zur Erweiterung des Infektionsschutzgesetzes vom 28. März 2020 erfolgte zwar durch den Bundesrat, jedoch verleiht es dem Minister für Gesundheit weitreichende Befugnisse, epidemiebedingte Rechtsverordnungen auf nationaler Ebene zu erlassen, ohne die Beteiligung des Bundesrats, wodurch eine starke Verschiebung der Macht von der Legislative hin zur Exekutive sowohl auf Bundes- als auch Landesebene erfolgt. Länderspezifische Maßnahmen werden durch die Landesregierungen ergriffen. Das Robert-Koch-Institut (RKI), als wissenschaftliche Institution, ist mit der Koordinierung und Information der Länder sowie dem Bund und der Länder belangt.

Eine enge Zusammenarbeit zwischen Wissenschaft und Regierung erfolgt, neben der koordinierenden Rolle des RKI, mit der Deutschen Akademie der Naturforscher Leopoldina, der Helmholtz-Initiative „Systemische Epidemiologische Analyse der COVID-19-Epidemie“, dem Expertenrat der Landesregierung Nordrhein Westfalen (NRW) und dem deutschen Ethikrat.[372] Angela Merkel, selbst ausgebildete Physikerin, betonte stets die Bedeutung von Wissenschaft für ihr politisches Handeln und wurde für ihre große Offenheit gegenüber der Wissenschaft gelobt.[373] Dieses Vertrauen Merkels zur Wissenschaft bietet für Verena Kasirye ein wegweisendes Führungsbeispiel.[374]

Mit der Entwicklung von Impfstoffen gegen das Virus Sars-CoV-19 startete eine breit angelegte Impfkampagne in Deutschland, zunächst nach Prioritätsgruppen organisiert. Ein Impfausweis, digital[375] oder

---

371 Bundesministerium für Gesundheit (2022). „Pandemievorsorge für Herbst und Winter“, 19.09.2022.

372 Vgl. dazu: Arnold, N. (2020). „Wissenschaftliche Politikberatung zur gesundheitlichen Bewältigung der Corona-Pandemie“. *Research Report der Konrad Adenauer Stiftung* (394), 01.06.2020, S. 3.

373 Ibidem: S. 5–6.

374 Kasirye, V., 2020: S. 16.

375 RKI. „CovPass-App: Digitale COVID-Zertifikate der EU einfach nachweisen“.

in Papierversion, dient zum Nachweis der erfolgten Impfung gegen das Coronavirus.

Wenn Merkel auf den ersten Blick den emotionalen Solidaritätsfaktor in den Vordergrund stellte, dürfte es sich jedoch vielmehr, nach Heike Drotbohm und Sven Reichardt, um einen Prozess der „gesellschaftlichen Verantwortungszuschreibung [und] mit neuen Formen des sozialen Ausschlusses“[376] gehandelt haben. Insbesondere die sozial schwächeren Schichten der Bevölkerung kamen nicht in den Genuss der lebensrettenden Maßnahmen der Distanzierung oder der Einhaltung von Hygiene: So konnten sich Asylanten, Arbeiter in der Fleischindustrie oder Menschen in Altenwohnheimen auf engstem Raum schwerlich gegen Infektionen schützen.[377]

Dass die sozial benachteiligte Bevölkerung nicht von Merkels Coronapolitik profitiert, kommt in *Über Menschen* zur Sprache, dort wo Tom sich über die Entfernung der Politiker von der Realität des Bürgers beklagt, den er besonders in Coronazeiten als von der Regierung „verarscht“[378] bezeichnet. Ebenso äußert sich Sadie zu den unüberwindlichen Schwierigkeiten in Coronazeiten für eine alleinerziehende Mutter.[379] Teilweise chaotisches Epidemiemanagement, im Spannungsfeld zwischen Politik und Wissenschaft, und politische Entscheidungen, die nicht die Bedürfnisse aller Bevölkerungsschichten berücksichtigen, werden Angela Merkel in *Über Menschen* deutlich zur Last gelegt.

4.2. Björn Höcke, Trump und Brexit

Dora bezeichnet in *Über Menschen* „Trump, Höcke und die Brexit-Leute“[380] als vollkommen durchgedreht. Aber worum geht es hier eigentlich? Wie soll, wie kann diese radikale Kurzaussage verstanden werden? Um die Gründe für Doras ablehnende Haltung zu diesen „Fakten“, die trotz ihrer Komplexität besonders knapp im diegetischen Raum variiert

376 Drotbohm & Reichardt, 2020: S. 406.
377 Ibidem: S. 415.
378 Zen, 2021b: S. 127–128.
379 Ibidem: S. 215.
380 Zeh, 2021b: S. 70.

werden, zu erforschen sollen in der Folge die drei Phänomene Höcke, Trump und Brexit näher beleuchtet werden.

4.2.1. Björn Höcke

Björn Höcke wurde am 1. April 1972 in Lünen geboren. Seit der Absolvierung seines Bildungsweges bis zum Lehramt übt Höcke den Lehrberuf aus. Derzeit ist er als Gymnasiallehrer an der Rhenanus-Schule in Bad Sooden-Allendorf tätig und politisch aktiv in der AfD als Sprecher und Vorsitzender der Fraktion der AfD im Thüringer Landtag.[381]

Seine Aussagen rassistischer und neonazistischer Natur werden selbst von den eigenen Parteigenossen als extremistisch gewertet und brachten der AfD Fraktion Thüringen den Status eines extremistischen Beobachtungsobjekts ein, das unter der Beobachtung des Landesverfassungsschutzes steht.[382] Zuletzt wurde die AfD als ganze Partei, in einem Bescheid vom 8. März 2022 des Verwaltungsgerichtes Köln, bundesweit als Verdachtsfall eingestuft, da „ausreichende tatsächliche Anhaltspunkte für verfassungsfeindliche Bestrebungen innerhalb der AfD" vorlägen, wie beispielsweise ein „ethnisch verstandener Volksbegriff als zentrales Politikziel. Danach müsse das deutsche Volk in seinem ethnischen Bestand erhalten und sollten „Fremde" möglichst ausgeschlossen werden. Dies weiche vom Volksbegriff des Grundgesetzes ab. Es gebe Verlautbarungen, in denen ‚Umvolkungs'- und ‚Volkstod'-Vorwürfe erhoben würden".[383]

Höckes persönliches, und besonders radikales, Programm sieht die Abschaffung der demokratischen Parteien und die Machtübernahme durch „eine fordernde und fördernde politische Elite, die unsere Volksgeister weckt" vor.[384] Um das durch exzessive Immigration beschädigte

381 Thüringer Landtag. „Björn Höcke".

382 MDR. (2021). „Thüringer Justizausschuss hebt Immunität von AfD-Fraktionschef Björn Höcke auf", in: *MDR THÜRINGEN*, 24.11.2021.

383 Justiz online. (2022). „Verwaltungsgericht Köln: Verfassungsschutz darf AfD als Verdachtsfall einstufen". VG Köln, 08.03.2022 – 13 K 326/21.

384 Höcke, B., & Hennig, S. (2018). *Nie zweimal in denselben Fluss: Björn Höcke im Gespräch mit Sebastian Hennig. Lüdinghausen Manuscriptum.* S. 286, in: Creydt, M. (2018). „Björn Höckes gesammelte Drohungen", in: http://www.meinhard-creydt.de.

Deutschland, dem er den „bevorstehenden Volkstod durch den Bevölkerungsaustausch“ ansagt, wieder aus dem „Sumpf“ zu ziehen, bedarf es nach Höckes Meinung der „festen Hand“.[385] Deutschland bedürfe der Säuberung von kulturfremden Menschen, zu deren Realisierung ein gewalttätiges „Remigrationsprojekt“ unabwendbar sei.[386] Dabei werde es ebenso unabwendbar sein, mit einer „wohltemperierten Grausamkeit“[387] zu handeln, mit Berufung auf Hegel: „Brandige Glieder können nicht mit Lavendelwasser kuriert werden“.[388] Jedoch nicht nur die nicht-deutschen Elemente der Bevölkerung sind gefährdet, sondern auch „nicht willfährigen“ Deutschen, gilt Höckes Drohung, dass „wir leider ein paar Volksteile verlieren werden, die zu schwach oder nicht willens sind mitzumachen“.[389] Diese „Reinigung“ des deutschen Volkes soll durch eine Führungselite mit „fester Hand“[390] erfolgen, die den „Saustall“ wie ein „Zuchtmeister“[391] ausmistet. Zum Thema Vergangenheitsbewältigung sieht Höcke nur die geprüften Deutschen, die den Krieg verloren haben und nun innerer Stärkung bedürfen, um wieder als ein „Volk voller Macht und Herrlichkeit“[392] aufzuerstehen.

Am 26. September 2019 entschied das Verwaltungsgericht Meiningen, dass Höcke zurecht als „Faschist“ bezeichnet werden kann.[393]

---

385 Ebd., S. 216; S. 231.
386 Funke, H. (2019). „Höcke will den Bürgerkrieg“, in: *Die Zeit*, 24.10.2019.
387 Ebd.
388 Höcke & Henning, 2018: S. 254.
389 Funke, 2019.
390 Höcke & Henning, 2018: S. 231.
391 Ebd. S. 286.
392 Creydt, 2018.
393 Beschluss des Verwaltungsgerichts Meiningen vom 26. September 2019, 2 E 1194/19 Me.
Das Gericht gibt der folgenden Argumentation der Antragstellerin statt:
Die Antragstellerin hat darauf hingewiesen, die Bezeichnung Faschist setze an realen Handlungen und Äußerungen Höckes an, die auch als gerichtsbekannt vorausgesetzt werden könnten. Er sei einer der Sprecher der AfD Thüringen und seit der Landtagswahl 2014 deren Fraktionsvorsitzender im Thüringer Landtag. Mit der sog. Erfurter Resolution habe er die AfD Strömung „Der Flügel“ begründet. Auch durch eine Reihe von Sozialwissenschaftlern und Historikern werde eine offene Übernahme von faschistischen, rassistischen, antisemitischen und geschichtsrevisionistischen Aussagen des deutschen Nationalsozialismus

Nachdem Höcke eine Rede im Mai 2021 mit dem Satz „Alles für Deutschland“,[394] einer ehemals üblichen Losung der nationalsozialistischen Sturmabteilung (SA),[395] beendet hatte, wurde gegen ihn eine

---

festgestellt. Im Juli 2018 sei sein Buch mit dem Titel *Nie zweimal in denselben Fluss* im ManuscriptumVerlag erschienen. Es handele sich um ein rund dreihundert-seitiges Interview. Dieses Buch bestätige insgesamt eine faschistische Agenda des Herrn Höcke. Nach seiner Auffassung sei letztlich ein neuer Führer erforderlich. Teile der Bevölkerung sollten ausgeschlossen werden, insbesondere Migranten. In rassistischer Diktion wettere er gegen den angeblich „bevorstehenden Volkstod durch den Bevölkerungsaustausch“. Gegenüber Andersdenkenden gelte: „Brandige Glieder können nicht mit Lavendelwasser kuriert werden, wusste schon Hegel“. Bezogen auf die von ihm angestrebte Umwälzung stelle er fest, dass „wir leider ein paar Volksteile verlieren werden, die zu schwach oder nicht willens sind“ mitzumachen. Er denke an einen „Aderlass“. Diejenigen Deutschen, die seinen politischen Zielen nicht zustimmten, würden aus seinem Deutschland ausgeschlossen werden. Er trete für die Reinigung Deutschlands ein. Mit starkem Besen sollten eine „feste Hand“ und ein „Zuchtmeister“ den Saustall ausmisten. Bezogen auf den Hitler-Faschismus sei diese für ihn vor allem die „katastrophale Niederlage von 1945“. Schlimm sei gewesen, dass Deutschland den Weltkrieg verloren habe. In Dresden habe er eine „erinnerungspolitische Wende um 180 Grad“ gefordert, was heiße, die Zeit des Hitler-Faschismus positiv zu betrachten, was man auch insgesamt aus seiner Rede herauslesen werde können. Dort fände sich auch eine Verherrlichung des Faschismus. Das Holocaust-Denkmal in Berlin bezeichne er als „Schandmal“. Er setze immer wieder an faschistischem Sprachduktus an: „Ich will, dass Magdeburg und dass Deutschland nicht nur eine tausendjährige Vergangenheit haben. Ich will, dass sie noch eine tausendjährige Zukunft haben, und ich weiß, ihr wollt das auch“. Zu Hitler erkläre er, dass „Hitler als absolut böse dargestellt wird“, und dass es nicht so „Schwarz und Weiß“ sei. Im Kontext vieler anderer Aussagen sei immer wieder eine Verharmlosung und Relativierung Hitlers und des Dritten Reiches erfolgt.

394 Trips-Hebert, R. (2021). „Das strafbare Verwenden von Kennzeichen verfassungswidriger und terroristischer Organisationen § 86a StGB im Spiegel der Rechtsprechung Roman Trips-Hebert Infobrief Wissenschaftliche Dienste“, in: *Wissenschaftliche Dienste – Deutscher Bundestag*, WD7 – 3010 – 105/21, 2021, S. 16.

395 Als ursprüngliche Turn- und Sportabteilung der Vorläuferpartei der NSDAP, wurde die SA 1925 in die NSDAP eingegliedert. Bis 1934 wuchs die SA, unter der Führung von Ernst Röhm, auf rund vier Millionen Mitglieder an. Zum Zeitpunkt der Machtergreifung Hitlers 1933 war die SA maßgeblich für antijüdische Ausschreitungen und blutigen Straßenterror verantwortlich, bis sie nach dem Röhm-Putsch 1934 ihre Bedeutung zugunsten der Schutzstaffel (SS)

Strafanzeige „wegen des Verwendens von Kennzeichen verfassungswidriger Organisationen“[396] erstattet, die im November 2021 in der Aufhebung seiner politischen Immunität mündete, um gegen ihn gerichtlich ermitteln zu können.[397]

4.2.2. In der Ära Donald Trump

Donald Trump, geboren am 14. Juni 1946 in New York, wurde am 8. November 2016 zum 45. Präsidenten der USA gewählt und blieb vom 20. Januar 2017 bis zum 20. Januar 2021 im Amt. Er wurde durch seinen Nachfolger und aktuellen Präsidenten Joe Biden abgelöst.

Zeh bezieht sich in *Über Menschen* auf drei Ereignisse, die während Trumps Regierungszeit zu verorten sind: Die Ermordung von General Kassem Soleimani in Bagdad,[398] der Ausbruch der Coronaepidemie und Trumps zynische Empfehlung „sich Desinfektionsmittel zu spritzen“[399] sowie die Ermordung von George Floyd und dessen Folgen.[400]

Trumps Populismus nährte sich an der wachsenden Spaltung der Bevölkerung zwischen Wohlhabenden und Ärmerwerdenden, wobei besonders letztere den globalisierten Handel und die Immigrantenströme dafür verantwortlich machen. Das Gefühl, dass Politiker und Regierungen nichts

---

verlor und von da an hauptsächlich mit der vormilitärischen Erziehung und mit propagandistischen Aufgaben betraut war (Stiftung Deutsches Historisches Museum, 2012).

396 MDR, 2021.

397 Das deutsche Strafgesetzbuch sieht eine Freiheitsstrafe bis zu drei Jahren oder eine Geldstrafe vor wer nach Par. 86a:——

1. im Inland Kennzeichen einer der in § 86 Abs. 1 Nr. 1, 2 und 4 oder Absatz 2 bezeichneten Parteien oder Vereinigungen verbreitet oder öffentlich, in einer Versammlung oder in einem von ihm verbreiteten Inhalt (§ 11 Absatz 3) verwendet oder
2. einen Inhalt (§ 11 Absatz 3), der ein derartiges Kennzeichen darstellt oder enthält, zur Verbreitung oder Verwendung im Inland oder Ausland in der in Nummer 1 bezeichneten Art und Weise herstellt, vorrätig hält, einführt oder ausführt.

398 Zeh, 2021b: S. 72.

399 Ibidem: S. 202.
Vgl. Handelsblatt. (2020). „Corona-Therapie: Donald Trump will Forscher prüfen lassen, Menschen Desinfektionsmittel zu spritzen“, 24.04.2020.

Wirksames dagegen zu unternehmen imstande seien, treibt viele Wähler in die Arme rechtspopulistischer Figuren wie sie Donald Trump repräsentiert. Barry Eichengreen führt als eines der Beispiele dafür den „[...] starken Widerhall, den Trumps Ankündigung einer Mauer gegen die illegale Einwanderung aus Mexiko fand",[401] an. Ebenso bekommen amerikanische Farmer zu spüren, dass ihr Einkommen im Zusammenhang mit der mondialisierten Agrarproduktion steht: „Das Einkommen eines Farmers, der Weizen in Nebraska anbaute, hing auf einmal von den Erträgen ukrainischer (sic!) Gerstenfelder ab. Der Preis von Sea-Island-Baumwolle aus Georgia oder South Carolina wurde von den Ereignissen im Nildelta beeinflusst".[402]

Trump gewann seine Wähler, indem er den verunsicherten, sich abgehängt fühlenden Populationsschichten den Schutz des amerikanischen Arbeitsmarktes, unter dem Slogan „America first", durch hohe Zölle und Immigrationsbarrieren versprach. Durch massive Investitionen in Infrastrukturen sollte zudem der amerikanische Markt angekurbelt werden.[403]

Ursula Prutsch verweist auf Trumps Slogan „Make America Great Again" als Versprechen, Amerikas innere und äußere Souveränität zu fördern und zu festigen.[404]

Durch einen aggressiven politischen Diskurs – „Demagogy and polarization are populists' strongest weapons"[405] – schürte Trump die Spaltung zwischen Republikanern und Demokraten, die sich gegenseitig verbal bis körperlich mit Hassreden und Drohungen attackierten. Trumps radikale Auftritte gegen erklärte „Feinde" wie Minderheiten, Medien oder

---

400 Ibidem: S. 343.

401 Eichengreen, B. (2017). „Die Entwicklung des Populismus in den Vereinigten Staaten", in: *Leviathan*, *45*(2), S. 180.

402 Ibidem: S. 181.

403 Ibidem: S. 191.

404 Vgl. Prutsch, U. (2019). „Ein neuer Rechtspopulismus in den USA: Das Tea Party Movement und Donald Trump". *Vierteljahrshefte für Zeitgeschichte*, *67*(3), S. 459.

405 Prutsch, U. (2020). „The Populist Twins: Donald Trump and Jair Bolsonaro", in: *Four Years After: Ethnonationalism, Antisemitism, and Racism in Trump's America*. Heidelberg. Universitätsverlag Winter. S. 130.

Oppositionspolitiker lieferte ein gefährliches Vorbild für seine Anhänger.[406] In seiner Rede zu seiner Wiederwahl von Tulsa in Oklahoma im Juni 2020 setzte Trump bewusst die demagogische Schaffung von Feinbildern, im Gegensatz zur „stillen Mehrheit“ – ein Begriff, den er sich von Richard Nixon lieh[407] –, ein:[408]

> You are warriors, thank you. We had some very bad people outside; they were doing bad things. They got rid of a lot of bad people that were there for a long time [Anm. des Autors: they were in fact peaceful "Black Lives Matter" protesters]. Sort of like me in Washington, draining the swamp. I never knew it was so deep. But it's happening. It's happening, I never knew it was so deep. It's deep and thick and a lot of bad characters. I stand before you today to declare the silent majority is stronger than ever before. They want to demolish our heritage. And when you see those lunatics all over the streets, it's damn nice to have arms. Damn nice. ...The right to keep and bear arms, we'll protect your second amendment. Above all, we will never stop fighting for the sacred values that bind us together as one America, we will support, protect, and defend the Constitution of the United States. Our incredible success in rebuilding America stands in stark contrast to the extremism and destruction and violence of the radical left. We are one movement, one people, one family, and one glorious nation under God... Together we will make America wealthy again, we will make America strong again, we will make America proud again, we will make America safe again, and we will make America great again.

Trumps Legitimierung, zu den Waffen zu greifen, erhöhte die aggressive Stimmung im Land noch zusätzlich. Die Bedrohung durch einen möglichen Bürgerkonflikt lag in der Luft. Rassistische und antisemitische Aussagen, verbunden mit der Betonung der Überlegenheit der weißen Rasse verursachten insbesondere eine Welle von Mobbing und Ausschreitungen in Schulen: „A teacher in Colorado reported that after Trump's election victory seventh-grade white boys [were] yelling, 'Heil Trump'. [...] An elementary student in New York said, 'I'm a fan of Hitler! God sent Hitler down to kill the Jews because they nailed Jesus to the cross.'[...]“.[409]

---

406 Vgl. Nacos, B. L., Shapiro, R. Y., & Bloch-Elkon, Y. (2020). „Donald Trump: Aggressive Rhetoric and Political Violence“, in: *Perspectives on Terrorism*, *14*(5), S. 2.

407 Prutsch, 2019: S. 459.

408 Ibidem: S. 3. Text von Trumps Rede: https://www.rev.com/blog/transcripts/donald-trump-tulsa-oklahoma-rally-speech-transcript.

409 Ibidem: S. 5.

Trumps Feindrhetorik führte allgemein zu vermehrter Gewalt, wie beispielsweise das Massaker, das der 21-jährige Dylann Roof an neun Afrikanern in der Emanuel African Methodist Kirche von Charleston in South Carolina verübte. Als Motiv der Tat gab er die Befürchtung an, dass Amerikas Afrikaner den Weißen das Land wegnehmen könnten. Diese eindeutig rassistisch bestimmte Gewalt „[...]was a clear act of white supremacist violence that came es the nation slowly realized its racism problem was getting worse, not better".[410] Dass Trumps Rhetorik derartige Gewalttaten fördere, bestätigte die Gouverneurin von South Carolina Nikki Haley: „The Republican governor said divisive speech motivated Dylann Roof to gun down nine black parishioners at *historic Emanuel AME Church*".[411] Ein weiteres rassistisches Attentat, das diesmal jüdische Gläubige in einer Synagoge in Pittsburgh traf, wurde durch Robert Bowers am 27. Oktober 2018 verübt. Sechs Menschen starben, sechs weitere wurden verletzt. Beweggrund war wiederum Trumps entzweiende Rhetorik, die Robert Bowers in seiner Überzeugung bestärkte, dass die Juden sein Land erobern.[412]

Die Gefahr bürgerkriegsähnlicher Zustände in den Vereinigten Staaten kam zu ihrem Höhepunkt, als die Anhänger Trumps am 20. Januar 2021 das Kapitol stürmten, um Trumps Wiederwahl zu erzwingen, indem sie das Wahlresultat zugunsten Joe Bidens rückgängig zu machen versuchten.[413] Noch am selben Tag des gescheiterten Sturms auf das Kapitol konnte Joe dennoch als 46. Präsident der Vereinigten Staaten vereidigt werden.

4.2.2.1. Zur Ermordung von General Kassem Soleimani

Am 3. Januar 2020 wurde General Kassim Soleimani, mit sieben weiteren Personen, auf Trumps Befehl, durch Drohnen am internationalen Flughafen von Bagdad gezielt getötet, als Reaktion auf die Stürmung der US-Botschaft in Bagdad durch schiitische Milizen, die vom Iran unterstützt

---

410 History. (2021). „Charleston church shooting", 15.06.2021. A&E Television Networks.

411 Adcox, S. (2016). „Haley talks of Trump, Confederate flag ahead of anniversary", in: *Palmetto Politics*, 01.06.2016.

412 Vgl. Nacos, B. L. y al., 2020: S. 18.

413 SWR2. (2021). „Donald Trump und der Sturm aufs Kapitol", 06.01.2021.

werden.[414] Soleimani war als der zweitmächtigste Mann im Iran, nach Ayatollah Ali Khamenei, mit dem Export der islamistischen Revolution in den Nahen und Fernen Orient beauftragt, dank eines Netzwerkes von religiösen Milizen im Libanon, im Irak, in Syrien und im Yemen.[415]

Trumps verhärteter politischer Kurs gegenüber dem Iran begann mit der Drohung, das Atomabkommen vom 20. Juli 2015[416] zwischen den Vereinigten Staaten, Deutschland, Großbritannien, Frankreich, China, Russland und Iran aufzukündigen,[417] sollte er zum Präsidenten gewählt werden. Am 8. Mai 2018 machte Trump seine Drohung wahr und zog die USA aus dem Abkommen, das er als „disastrous deal with Iran"[418] betitelte, zurück, mit der anschließenden Wiedereinführung der Sanktionen gegen den Iran. Die Spannung zwischen den Vereinigten Staaten und dem Iran kulminierte schließlich im Mord Soleimanis als möglicher Zündfunken für einen Krieg zwischen den beiden Mächten, dessen geopolitische Reichweite nur schwer abzuschätzen wäre.[419]

4.2.2.2. Trumps Handhabung der Coronaepidemie

Am 3. Januar 2020 wurde die amerikanische Regierung förmlich von der chinesischen Regierung über den Ausbruch der Coronaepidemie informiert. Am 6. Januar 2020 erfolgte in den USA die erste Meldung von Covid-19-Erkrankten. Bereits am 28. Januar 2020 soll Trumps nationaler

---

414 Quantara.de. (2019). „Sturm auf US-Botschaft im Irak: Trump macht Iran verantwortlich", 31.12.2019.

415 El-Gawhary, K. (2020). „Der Anschlag auf Qassem Soleimani und seine Folgen: Eine neue Eskalation im amerikanisch-iranischen Konflikt, *in: Qantara.de*, 03.01.2020.

416 Davenport, K. (2021). „The Joint Comprehensive Plan of Action (JCPOA) at a Glance | Arms Control Association", in: *Arms Control Association, 3/2022.*

417 Das Abkommen (Comprehensive Plan of Action (JCPOA) vom 20. Juli 2015 verpflichtete den Iran zur Limitierung und Kontrolle seines Atomprogrammes als Gegenleistung für die Aufhebung wirtschaftlicher Sanktionen.

418 Galbraith, J. (2018). „President Trump withdraws the United States from the Iran Deal and Announces the Reimposition of Sanctions", in: *The American Journal of International Law*, *112*(3), S. 514.

419 North, D. (2020). *30 Jahre Krieg Amerikas Griff nach der Weltherrschaft 1990–2020.* Essen. Mehring Verlag. S. 683–689.

Sicherheitsberater Robert C. O'Brian an Trump erklärt haben „Corona sei die größte Bedrohung der nationalen Sicherheit während ihrer (Trumps, Anm. d. Verf.) Präsidentschaft".[420]

Sebastian Rostek verweist bezüglich Trumps Handhabung der Coronakrise insbesondere auf drei jüngst erschienene Werke, die dazu einen tieferen Einblick vermitteln: *Rage* (2020)[421] von Bob Woodward, *Zu viel und nie genug* (2020)[422] von Trumps Nichte, der Psychologin Mary L. Trump, sowie das Buch des deutschen Politologen Stephan Bierling *America First – Donald Trump im Weissen Haus* (2020),[423] das die Bilanz von Trumps vier Jahren Regierungszeit zieht.[424] Laut Rostek muss zum Verständnis von Trumps Gebaren in der Coronakrise dessen Persönlichkeit in Betracht gezogen werden, die durch die beiden Begriffe „Killer und König", mit der korrespondierenden Angst vor Schwäche und Niederlage, am besten beschrieben werden kann: Stärke und Siegen ist alles.[425] Rücksichtsloses und aggressives Vorgehen, gepaart mit einem ungeheuren Lügenarsenal und persönlicher Unwissenheit mangels Bildung, um sein Selbstbild des narzisstischen „Winners" zu bewahren, charakterisierten Trumps Vorgehensweise auch in der Coronakrise.[426]

Trotz des Wissens um die Gefährlichkeit des Virus Sars-CoV-2 spielte Trump die Ernsthaftigkeit der epidemischen Lage herunter und weigerte sich lange, alle Bürger dazu aufzurufen, Masken zu tragen. Bei Wahlkampfveranstaltungen trat er selbst ohne Maske auf und forderte nicht zum Tragen eines Mund- und Nasenschutzes auf. Über Joe Biden,

---

420 Graw, A. (2020). *Trump verrückt(e) die Welt: Was nun?* München. Langen-Müller Verlag (Kapitel 1 – Amerika und die Pandemie).

421 Woodward, B. (2020). *Rage*. New York. Simon & Schuster Uk.

422 Trump, M. L. (2020). *Zu viel und nie genug: wie meine Familie den gefährlichsten Mann der Welt erschuf*. Dresden. Wilhelm Heyne Verlag.

423 Bierling, S. (2020). *America First: Donald Trump im Weißen Haus*. München. C.H.Beck Verlag.

424 Rostek S. (2022) „Donald Trump: Selbstbezogener Dealmaker in der Krise", in: Ohnesorge H.W., Gu X. (eds). *Weltpolitische Gestaltung in Zeiten von COVID-19. Persönlichkeit und weltpolitische Gestaltung*. Wiesbaden. Springer VS, S. 36.

425 Ibidem: S. 38.

426 Ibidem: S. 39–40.

seinen Wahlkampfgegner, machte er sich lustig, dass er ständig die Maske beibehielt.[427]

Trump spielte ein verantwortungsloses Spiel, indem er behauptete, dass die Situation total unter Kontrolle sei,[428] dass das Virus im April mit der Hitze verschwinden werde,[429] dass es überhaupt wie ein Wunder verschwinden werde[430] und dass das Risiko für das amerikanische Volk sehr gering sei.[431] Das Herunterspielen der Gefahren der Epidemie entstehe aus seinem Wunsch, sein Volk nicht zu verängstigen.

Nach Angaben der Zeitung *Washington Post* soll Trump während seiner Amtszeit 30.573 falsche oder irreführende Aussagen gemacht haben.[432]

Trumps langanhaltende Verleugnungskampagne führte zu massenhaften Coronatoten, von denen gewiss ein Teil dem Tod entrinnen hätte können, wäre Trumps Coronapolitik ehrlicher und verantwortungsvoller gewesen. Bis zum 21. März 2022 hat es in den Vereinigten Staaten 971.162 Tote gegeben.[433]

Am 2. Oktober 2020 gab Trump offiziell bekannt, selbst positiv auf das Coronavirus getestet worden zu sein. Er soll jedoch schon am 26. September 2020 ein positives Resultat erhalten haben, das er wissentlich verschwieg und noch dazu eine Zeremonie, ohne Maskenschutz, zur Nominierung der Richterin des Obersten Gerichtshofes Amy Coney präsidierte,[434] die sich in der Folge als Coronahotspot entpuppte.

---

427 Deutschlandfunk. (2020). „US-Präsident infiziert – Trump, Corona und der Wahlkampf", 02.10.2020.

428 Greenberg, J. & Sherman, A. (2021). „Timeline: How Donald Trump responded to the coronavirus pandemic", in: *POLITFACT*, 20.03.2020.

429 Paz, C. (2020). „All the President's Lies About the Coronavirus", in: *The Atlantic*, 02.11.2020.

430 Ibidem.

431 Vgl. Graw, 2020.

432 Kessler, G., Rizzo, S., & Kelly, M. (2021). „Trump's false or misleading claims total 30,573 over 4 years", in: *Washington Post*, 24.01.2021.

433 Coronavirus Statistiques. (2022). „Coronavirus statistiques États-Unis" in: *Coronavirus Statistiques*, 21.03.2022.

434 Spiegel Ausland. (2021). „Memoiren von Stabschef Meadows: Donald Trump soll vor TV-Debatte gegen Joe Biden positiv auf Corona getestet worden sein", 01.12.2021.

Doras „Bläschenaufstieg“[435] angesichts Trumps zynisch-ignoranter Empfehlung, sich gegen das Coronavirus ein Desinfektionsmittel zu spritzen,[436] scheint jedoch in einem unglaubwürdigen Widerspruch zu ihrer eigenen herablassenden Haltung der Verharmlosung gegenüber der Coronaepidemie zu stehen, die eher Trumps Linie zu folgen scheint und weniger jener der deutschen Regierung, die prioritär die Rettung möglichst vieler Menschenleben anstrebte.

4.2.2.3. Zur Ermordung von George Floyd

Am 25. Mai 2020 stellten drei Polizeistreifen George Floyd, einen Afroamerikaner, der angeblich seine Zigaretten mit einem falschen 20-Dollar-Schein bezahlt haben soll. Sie zogen ihn vom Fahrersitz seines Autos und fesselten seine Handgelenke mit Plastikbändern hinter seinem Rücken. Floyd ließ dies ohne Gegenwehr geschehen. Die beiden Polizisten Derek Chauvin und Tou Thao, bekannt für ihre besondere Brutalität, zogen Floyd anschließend auf den Rücksitz des Polizeiwagens, um ihn dann auf der anderen Seite zu Boden fallen zu lassen. Derek Chauvin kniete auf dem Nacken von Floyd, während letzterer 16-Mal innerhalb von 5 Minuten wiederholte, dass er nicht atmen könne: „I can’t breathe“. Während 9 Minuten und 29 Sekunden blieb Chauvins Knie auf Floyds Nacken gepresst, bis die Ambulanz zu spät kam und Floyd im Krankenwagen verstarb. Diese ungerechtfertigte Brutalität der Polizei hat weitreichende Protestwellen in den USA und weltweit verursacht unter dem Slogan „Black lives matter“,[437] noch aufgeheizt dadurch, dass der Polizist Chauvin erst vier Tage nach der Tat verhaftet und wegen Mord angeklagt wurde.[438] Am 20. April 2021 wurde er wegen Mord zu 22,5 Jahren Haft verurteilt.[439]

Als Dora beim Frühstück das Nachrichtenportal öffnet, gibt Trump zu diesem Thema „seinen üblichen Unsinn von sich, stößt Drohungen aus

---

435 Zeh, 2021b: S. 203.
436 Ibidem: S. 202.
437 Prutsch, 2019: S. 349.
438 Denkler, T. (2021). „Der Tod von George Floyd in der Rekonstruktion“, 30.03.2021.
439 WELT. (2021). „George Floyd: Ex-Polizist Derek Chauvin zu 22,5 Jahren Haft verurteilt“, 25.06.2021.

und weigert sich anzuerkennen, dass bei der Polizei strukturelle Probleme existieren".[440]

Trump vermittelt, anstatt ehrlichem Entsetzen über das tragische Schicksal von Floyd, vielmehr den Eindruck, dass das Vorgehen des Polizisten Chauvin eine tragische Ausnahmeerscheinung in einem allgemein gut funktionierenden Polizeiwesen darstelle. Besondere Empörung verursachte, in diesem Kontext, folgender Satz in einer Ansprache Trumps zur positiven Entwicklung der Arbeitslosenrate in den Vereinigten Staaten im Juni 2020: „Hoffentlich schaut George genau jetzt herab und sagt: ‚Unserem Land passiert eine großartige Sache'. Das ist ein großartiger Tag für ihn, das ist ein großartiger Tag für alle".[441]

Angesichts der massenhaften Proteste gegen den Rassismus unter dem Slogan „Black lives matter" drohte Trump militärisch einzugreifen, sollte es zu gewalttätigen Ausschreitungen kommen: „Wenn eine Stadt oder ein Bundesstaat sich weigert, die Schritte zu ergreifen, die nötig sind, um Leben und Besitz ihrer Bewohner zu verteidigen, dann werde ich das Militär der Vereinigten Staaten einsetzen und das Problem schnell für sie lösen".[442]

Wenn auch das Problem des Rassismus in den Vereinigten Staaten nicht erst auf Trump zurückzuführen ist, so ist dessen taktloser Umgang damit, im Interesse der kurz bevorstehenden Präsidentschaftswahlen, dennoch ein Beweis dafür, wie wenig ihn ethisch-moralische Bedenken bestimmen.

Die Amerikaspezialistin Ursula Prutsch erklärt zusammenfassend, wie Trumps Politik die amerikanische Gesellschaft gespalten und Konfliktpotenziale erhöht hat:

> Die Politik von Donald Trump, die vor allem eine kleine Gruppe privilegierter Amerikaner unterstützt, sein geringes Verständnis von Demokratie und Gewaltenteilung, sein autoritärer Stil und die Gewissheit, dass es den amerikanischen Traum vom Aufstieg für jeden Amerikaner und jede Amerikanerin nur für eine privilegierte Gruppe gibt, dass die Einkommen in den letzten 25 Jahren ständig

---

440 Zeh, 2012: S. 343.

441 Watson. (2020). „US-Präsident Trump sorgt mit Satz über George Floyd für Entsetzen", 06.06.2020.

442 Ernst, J., & O'Brian, B. (2020). „Trump droht mit Einsatz des Militärs gegen Demonstranten". *Reuters*, 02.06.2020.

zurückgegangen sind, dass gerade die junge Generation um Aufstieg und Erfolg betrogen wird, haben eine explosive Stimmung erzeugt.[443]

Wenn auch in *Über Menschen* nur sehr knapp auf Höcke und Trump verwiesen wird, so geht die kontrafaktische Wirkung dieser kurzen Anspielungen jedoch weit über deren Schematisierung hinaus, indem Doras Urteil zur „Verrücktheit" dieser beiden Männer Ausdruck einer ursprünglichen negativen Grundeinstellung zu rechts-radikalen Ideologien sowohl im diegetischen Geschehen als auch in der realen Welt widerspiegelt. Umso inkohärenter erscheint in diesem Zusammenhang Doras „Hinwegsehen" über jegliches rechtsextreme Gedankengut, wenn sie in Gote nur noch den Menschen sehen will, ungeachtet ethisch-moralischer Prinzipien und Betrachtungen.

4.2.6. Brexit

Am 23. Juni 2016 stimmten die Briten unerwarteter Weise mit rund 52% der Stimmen für den Austritt ihres Landes aus der Europäischen Union und stellten letztere vor einen Präzedenzfall der Europäischen Desintegration.[444] Dazu muss erwähnt werden, dass Großbritannien immer schon eine Sonderstelle innerhalb der Europäischen Union eingehalten hat, wozu auch die Ablehnung des Euros als gemeinsame Währung gehört. Angesichts der Stimmen, die sich zugunsten eines Austritts aus der EU erhoben, veröffnete das britische Finanzministerium 2016 eine Studie über die wahrscheinlichen Konsequenzen eines solchen Austritts: langfristige Reduzierung des Bruttoinlandsproduktes, Transitionseffekt zu weniger liberalen Handels- und Investitionsbedingungen, Verunsicherung gegenüber der nahen Zukunft mit dem einhergehenden Aufschub von Projekten sowie gegenüber einer Neubewertung des finanziellen Risikos britischer Anleihen. Mit der Schrumpfung des BIP, einer höheren Arbeitslosigkeit und Inflation sei, laut dieser Studie, zu rechnen.[445]

443 Marquart, O., & Landes, L. (2020). „Toxische Mischung": Experten erklären, wie Trump die Eskalation in den USA anheizt", in: *Watson*, 02.06.2020.

444 Marhold, H. (2017). „Vom Brexit-Votum zum Bratislava-Prozess – die EU-27 sucht nach Reformansätzen", in: *Integration*, *40*(1), S. 31–32.

445 „HM Government: HM treasury analysis: the long-term economic impact of EU membership and the alternatives", Doc.Cm 9250, London in: Begg, I. &

Der Wirtschaftswissenschaftler Patrick Minfords hingegen sagte der britischen Wirtschaft ein Austritt bedingtes wirtschaftliches Wachstum von 4% des BIP voraus.[446]

Ebenso spalteten sich die Meinungen bezüglich der Auswirkungen des Brexits auf den Arbeitsmarkt, der stark durch die europäische Einwanderung hochqualifizierter Arbeitskräfte geprägt ist, die „dauerhaft einen Nettobeitrag zu den öffentlichen Haushalten"[447] leisten. Die objektiven Wirtschaftsdaten und -prognosen wurden jedoch von den Brexit-Befürwortern als Angstmacherei abgetan, indem sie davon profitierten, dass „Zahlen fernab von der Lebenswirklichkeit der Menschen"[448] liegen. Der Slogan „take back control"[449] fiel auf einen fruchtbaren Boden und wurde noch unterstützt durch aufgeheizte Ängste vor massiven Immigrationswellen und dem möglichen Eintritt der Türkei in die EU. Der fehlende Umgang mit objektiven Daten machte sich vor allem bei den älteren und ungebildeteren Bürgern bemerkbar, die mehrheitlich für den Austritt stimmten, während jüngere und gebildetere Bürger mehrheitlich gegen den Austritt stimmten. Hinzu kam eine allgemeine Stimmung gegen Globalisierung und Weltöffnung, die sich auch in anderen Ländern niederschlägt und zu nationalistischen Präferenzen tendiert, die von nationalistisch-populistischen Strömungen wie Donald Trump in den Vereinigen Staaten, Matteo Salvini und nun zuletzt der Neofaschistin Giorgia Meloni in Italien, Jaroslaw Kaczyński in Polen, Recep Tayyip Erdogan in der Türkei, Marine le Pen in Frankreich oder Viktor Orban in Ungarn gefördert werden. In einem solchen emotionsgeladenen Kontext gewann der populistische „Aufruf zur Rückgewinnung britischer Identität, den Erhalt von Grenzkontrollen und die Begrenzung von Einwanderung"[450] die Oberhand über sachliche, pessimistische Wirtschaftsdaten.

Schütte, L. (2016). „Brexit: warum, was nun und wie?", in: Integration 9(3), S. 230–241.

446 Ibidem: S. 232.
447 Ibidem: S. 234.
448 Ibidem: S. 234.
449 Ibidem: S. 235.
450 Ibidem: S. 236.

Nach monatelangen Verhandlungen zwischen Großbritannien und der Europäischen Union, mehrmaligen Aufschüben des Austrittdatums mit Abschluss eines Handelspaktes und zuletzt der Drohung eines Austrittes ohne vertragliches Abkommen, konnte Boris Johnson letztendlich die Unterzeichnung eines Handelsabkommens am 24. Dezember 2020 als Weihnachtsgeschenk erreichen. Seit dem 1. Januar 2021 kommt letzteres zur Anwendung und wurde am 28. April 2021 rechtskräftig durch das Europaparlament ratifiziert.[451] Am 9. Februar 2022 stellte das britische Parlament in einem Bericht fest, dass der Brexit britischen Unternehmen höhere Kosten, mehr Bürokratie und Verzögerungen an den Grenzen beschert.[452] Viele offene Arbeitsstellen bleiben unbesetzt wegen der strikten Einwanderungsbestimmungen, britische Ausfuhrgüter, nun zu teuer, bleiben unverkauft und Einfuhrgüter sind teilweise Mangelware aufgrund des Verlassens des europäischen Binnenmarkts und der Zollunion. So kam es beispielsweise bereits zu ernsthaften Engpässen in der Benzinversorgung.[453]

Unter Boris Johnsons Nachfolgpremiers Liz Truss dürfte kaum eine Verbesserung der wirtschaftlichen Lage Großbritanniens zu erwarten sein.

Wiederum ist die Erwähnung des Brexits in *Über Menschen* mit einem einzigen Wort als, über das Wort selbst hinausgehender, kontrafaktischer Verweis auf ein „verrücktes" Unternehmen zu werten, dessen Komplexität in der realen Welt zu groß ist, um im Roman näher darauf einzugehen. Man darf aus diesem kontrafaktischen Verweis auf eine grundsätzlich missbilligende Haltung Doras gegenüber national-populistischen Programmen schließen, die ein Ausdruck Zehs persönlicher Befürwortung offener, demokratischer Systeme sein mag.

---

451 lpb. (2022). „Der Brexit und seine Folgen – Aktueller Stand 2022 – Austritt Großbritanniens aus der EU – Aktuelle Lage Brexit Einigung: Das neue Handels- und Partnerschaftsabkommen".

452 Ibidem.

453 Zastiral, S. (2022). „Katerstimmung in Großbritannien", in: *nd Politik*, 03.01.2022.

4.3. Diverse kontrafaktische Verweise auf weitere aktuelle Themen

Während Steffen in *Über Menschen* eine fingierte Ein-Mann-Show abhält, der Dora zufälligerweise unbemerkt beiwohnt, wird sie Zeugin von Steffens Unbehagen angesichts aktueller politischer Debatten in Deutschland als er fast schreit: „[...] Das 21. Jahrhundert springt euch mit dem Arsch ins Gesicht. Jede Frau bei der Bundeswehr, jede Homo-Ehe, jeder Zuwanderer, jedes neue Klimapaket, das alles springt euch ins Gesicht, und zwar mit dem Arsch!“[454]

In der Folge soll näher auf diese schlagwortartigen Anspielungen zu Klima, Zuwanderung, weiblichen Soldaten und Homoehe eingegangen werden, die im Roman kontrafaktisch im Kontext einer wegen Corona abgesagten und deshalb unter Ausschluss der Öffentlichkeit stattfindenden Ein-Mann-Show „Über Menschen“[455] von Steffen Schaber kontrafaktisch variiert werden.

4.3.1. Klimakrise

In *Über Menschen* wird Robert ironisch als in die Apokalypse des baldigen Weltunterganges[456] verliebt dargestellt. Er setzt sich vehement für die Ideen des Klimaschutzes ein, wird *„politisch aktiv“*[457] und gründet eine eigene Kolumne für Klimafragen. Er verbeißt sich so sehr in seine Überzeugung, den Planeten retten zu müssen, dass er Greta Thunberg,[458] wie

454 Zeh, 2021b: S. 240.

455 Ibidem: S. 238.

456 Ibidem: S. 8.

457 Zeh, 2021b: S. 20.

458 Greta Thunberg, am 3. Januar 2003 in Stockholm geboren, ist eine 19-jährige, weltweit bekannte schwedische Klimaaktivistin, die mit 15 Jahren „Fridays For Future“ als Protesttag dagegen einführte, dass die Politiker keine konkreten Maßnahmen zum Klimaschutz treffen: Jeden Freitag schwänzte sie die Schule, um vor dem schwedischen Parlament zu protestieren. Dass sie auf das Asperger Syndrome diagnostiziert wurde, hindert sie nicht daran, in der ganzen Welt zu reisen, um ihre Überzeugungen für eine bessere Umwelt kundzugeben und zu verteidigen. Im Dezember 2018 hielt sie eine Rede am Klimagipfel COP24 der Vereinigten Nationen in Katowice in der sie die Politik als unreif im Kampf gegen den Klimawechsel und als unverantwortlich gegenüber der jungen Generation bezeichnete: „*You are not mature enough to tell it like is* [...] *Even that*

burden you leave to us children. But I don't care about being popular. I care about climate justice and the living planet (CNN, 2018). Im September 2019 reiste Greta zwei Wochen lang mit einer Yacht in die USA, um das umweltbelastende Flugzeug zu vermeiden, und hielt eine Rede vor dem amerikanischen House of Foreign Affairs Committee and the House Select Committee in Washington D.C.: „*I don't want you to listen to me, I want you to listen to the scientists* (Biography, 2019)". Zwei Tage nach ihrer Ansprache, löste sie in New York die größte Umweltdemonstration aus, die rund 4 Millionen Menschen auf die Straße brachte. Ganz besonders viral wurde Gretas entflammte Rede vom 21. September 2019 am United Nations Climate Action Summit in der sie die führenden Verantwortlichen beschuldigte der jungen Generation Träume und Zukunft zu stehlen: „*This is all wrong. I shouldn't be up here. I should be back in school on the other side of the ocean. Yet you all come to us young people for hope. How dare you! You have stolen my dreams and my childhood with your empty words. And yet I'm one of the lucky ones. People are suffering. People are dying. Entire ecosystems are collapsing. We are in the beginning of a mass extinction, and all you can talk about is money and fairy tales of eternal economic growth. How dare you! For more than 30 years, the science has been crystal clear. How dare you continue to look away and come here saying that you're doing enough, when the politics and solutions needed are still nowhere in sight. You say you hear us and that you understand the urgency. But no matter how sad and angry I am, I do not want to believe that. Because if you really understood the situation and still kept on failing to act, then you would be evil. And that I refuse to believe. The popular idea of cutting our emissions in half in 10 years only gives us a 50% chance of staying below 1.5 degrees [Celsius], and the risk of setting off irreversible chain reactions beyond human control. Fifty percent may be acceptable to you. But those numbers do not include tipping points, most feedback loops, additional warming hidden by toxic air pollution or the aspects of equity and climate justice. They also rely on my generation sucking hundreds of billions of tons of your CO2 out of the air with technologies that barely exist. So a 50% risk is simply not acceptable to us – we who have to live with the consequences. To have a 67% chance of staying below a 1.5 degrees global temperature rise – the best odds given by the [Intergovernmental Panel on Climate Change] – the world had 420 gigatons of CO2 left to emit back on Jan. 1st, 2018. Today that figure is already down to less than 350 gigatons. How dare you pretend that this can be solved with just 'business as usual' and some technical solutions? With today's emissions levels, that remaining CO2 budget will be entirely gone within less than 8 1/ 2 years. There will not be any solutions or plans presented in line with these figures here today, because these numbers are too uncomfortable. And you are still not mature enough to tell it like it is. You are failing us. But the young people are starting to understand your betrayal. The eyes of all future generations are upon you. And if you choose to fail us, I say: We will never forgive you. We will not let you get away with this. Right here, right now is where we*

bereits erwähnt, zu ihren Kundgebungen nachreist und darüber Bericht erstattet.[459]

Diesen Klimafanatismus überträgt er auf sein eigenes Leben und verlangt von Dora pausenlos weitere Anpassungen an ein „klimagerechtes“ Leben: Verzicht auf Autofahren, veganes Essen, Kauf von Bioklamotten, Fleischverzicht, Arbeit für umweltfreundliche Firmen.[460]

Des Hausfriedens zuliebe tut Dora ihr Bestes, um Roberts Forderungen nachzukommen, selbst wenn sie Schwierigkeiten hat mit Greta Thunberg's „*How dare you*“[461] anstatt Martin Luther Kings „*I have a dream*“.[462] Sie

---

draw the line. The world is waking up. And change is coming, whether you like it or not. Thank you. (NPR, 2019)“. Zuletzt nahm Greta am Klimagipfel COP26 in Glasgow im November 2021 teil und denunzierte dessen Resultat als einen Misserfolg, denn die beschlossenen Maßnahmen sind nicht konkret und drastisch genug, um einen ernstzunehmenden Fortschritt im Klimaschutz zu verzeichnen: „*It is not a secret that COP26 is a failure. It should be obvious that we cannot solve a crisis with the same methods that got us into it in the first place. We need immediate drastic annual emission cuts unlike anything the world has ever seen* (BBC News, 2021)“.

459 Ibidem: S. 67.

460 Ibidem: S. 21.

461 „Wie können Sie es wagen“:
Zeh spielt hier auf Thunbergs entflammte Anschuldigungsrede vom 21. September 2019 am United Nations Climate Action Summit an (Vgl. Fussnote Nr. 452).

462 „Ich habe einen Traum“ – Anspielung an Martin Luther Kings weltberühmte Rede, die er am 28. August 1963 in Washington D.C. hielt.
Martin Luther King wurde am 15. Januar 1929 in Atlanta in den USA geboren und setzte sich schon in der Jugend gegen die Rassentrennung zwischen Weißen und Schwarzen ein. Er studierte Soziologie und Theologie und nahm als Vorbild des friedlichen Kampfes Mahatma Ghandi. 1955 organisierte er den friedlichen „Montgomery Bus Boykott“ nachdem die Schwarze Rosa Parks in Montgomery verhaftet worden war, weil sie auf ihrem Platz im Bus bestand und ihn nicht zugunsten von Weißen freimachte. Nach mehr als einem Jahr bewirkte dieser friedliche Boykott der städtischen Busse die Aufhebung der Rassentrennung in den öffentlichen Bussen von Montgomery. Im Anschluss dieses Erfolges wurde King zum Anführer der gewaltlosen Bürgerrechtsbewegung „Southern Christian Leadership Conference“ (SCLC), musste bis zu seiner Ermordung 1968 30-mal ins Gefängnis und überlebte drei Bombenattentate (Martin-Luther-King-Zentrum).

stellt ihre Lebensgewohnheiten um und wechselt sogar von ihrem Arbeitgeber zur umweltfreundlicheren Werbeagentur Sus-Y trotz Gehalteinbuße. „Sie lebt angepasst“.[463] Doch Robert will mehr, er will nicht bloß Anpassung, sondern „Gefolgschaft“, er will, dass sie einen „Treueschwur auf die Apokalypse“ leistet[464] und damit der eigenen Freiheit abschwört:

Es durften nur noch bestimmte Nahrungsmittel gegessen werden. Taxifahren war verboten, Urlaubsreisen kamen nicht in Frage. Nach Einbruch der Dunkelheit rannte Robert durch die Wohnung und knipste Lampen aus, die Dora eingeschaltet hatte. Er übergab ihr eine Liste von Boutiquen, bei denen sie noch Kleidung kaufen durfte, [...]. Wenn Dora die Heizung hochdrehte, drehte er sie wieder herunter. Es wurde November und kalt in der Wohnung.

Robert malt nur noch Naturkatastrophen und klimabedingte Völkerverschiebungen und Verelendungen gleich einem „Roland-Emmerich-Film“.[465]

Der ironische Unterton verleiht der Klimafrage im Roman einen hysterischen Anstrich, der die Dringlichkeit eines massiv-planetaren Einsatzes im Kampf für eine noch lebenswerte Erde stark herunterzuspielen scheint.

Dass konkrete Maßnahmen auf globaler Ebene zur Verbesserung des Umweltproblems mehr als dringend sind, ist wohl, nach der letzten Erfahrung des Sommers 2022 mit seinen extremen Temperaturen, Dürren, Waldbränden und Gletschereinstürzen wohl kaum noch zu bezweifeln. Die Frage ist nun nicht mehr das, „Ob“, sondern das „Wie“ in der extremen

---

Im Rahmen einer friedlichen Demonstration von 250.000 Menschen (davon 60.000 Weiße) in Washington DC für die Rechte der Schwarzen am 28. August 1963 hielt King seine weltberühmte Rede „I have a dream“ in der er seine Hoffnung ausspricht, dass eines Tages die amerikanische Gesellschaft nicht mehr gespalten sein würde zwischen Weißen und Schwarzen (NPR, 2022). Am 3. April 1968, nur einen Tag vor seiner Ermordung, hielt King die vorahnungsvolle Rede „*I've been to the mountain top*“ in der er meinte er habe das Gelobte Land gesehen (NPR, 2007). Am 4. April 1968 wurde King ermordet.

463 Zeh, 2021b: S. 21.

464 Ibidem: S. 23.

465 Roland Emmerich ist ein deutscher Regisseur, geboren 1955 in Stuttgart, der sich in seinen Produktionen bevorzugterweise mit Katastrophenszenarien befasst. Insbesondere seine Filme *The Day After Tomorrow*, *Endzeitvision „2012“* und *Independence Day* befassen sich mit apokalyptischen Katastrophenszenarien (Film-Lexikon).

Dringlichkeit. Dies bestätigt der Weltklimabericht 2022 des Intergovernemental Panel on Climate Change (IPCC),[466] der feststellt, dass der Klimawandel nun nicht mehr zu stoppen ist, dazu ist es zu spät. Nur die Auswirkungen lassen sich noch begrenzen, vorausgesetzt die dafür nötigen Umstellungen und Gegenmaßnahmen werden noch rechtzeitig und möglichst weltweit umgesetzt. Viel Zeit dafür bleibe dafür nicht mehr nach Aussage von Joachim Fünfgeld:

> Die Krise ist schon so weit fortgeschritten, dass es vielerorts nicht mehr oder kaum noch möglich ist, sich daran anzupassen, und das wird mit jedem Zehntel Grad weiterer Erderhitzung zunehmen: Mehr und mehr Menschen und mehr und mehr Ökosysteme wie auch ganze Gesellschaften werden sich kaum noch an die Klimakrise anpassen können.[467]

Prof. Dirk Notz vom Max-Planck-Institut für Meteorologie bestätigt die Aussage, dass es bereits fünf Minuten vor zwölf sei:

> Wir haben bisher immer gesagt, wir können den eisfreien Zustand der Arktis noch verhindern. Jetzt haben wir zum ersten Mal den Fall, dass es dafür voraussichtlich zu spät ist, und wir nur noch die Häufigkeit von eisfreien Sommern begrenzen können. Für mich ist das ein Zeichen, wie weit der Klimawandel fortgeschritten ist.[468]

Diese Aussage wurde neuerdings durch den Einsturz des Marmoladagletschers am 3. Juli 2022 in den italienischen Dolomiten[469] sowie des Inyltschekgletschers im Tienschan-Gebirge in Kirghizistan am 10. Juli 2022[470] bestätigt.

Wissenschaftler und Experten betonen einstimmig die Dringlichkeit globaler Maßnahmen, um der planetaren Erwärmung und den

---

466 IPCC (2022). „Climate Change. Mitigation of Climate Change“, IPCC AR6 WG III.

467 Ursprung F. (2022). „Weltklimabericht 2022: Was jetzt dringend nötig ist“, in: *Himmel und Erde*, 03.04.2022.

468 Max-Planck-Institut für Meteorologie (2021). „Neuer IPCC-Sachstandbericht: Klimawandel breitet sich schnell aus und verstärkt sich“, 09.08.2021.

469 Kurier (2022). „Eisplatte löste sich in den Dolomiten: Mindestens sechs Tote“, 03.07.2022.

470 Chynybaeva, B. (2022). „The aftermath of Kyrgyzstan’s viral glacier collapse“, 10.08.2022.

Treibhausemissionen entgegenzuwirken und sie zu einem raschen Absenken zu bringen.[471]

Angesichts des wissenschaftlich belegten Ernstes der Umweltsituation erscheint der Umgang mit dem Thema des Klimawandels in *Über Menschen* als besonders fragwürdig, wenn Robert als hysterischer Übertreiber dargestellt wird, der unverständliche Panikreaktionen an den Tag legt, die nicht ernst zu nehmen sind. Doras „Kopfeinziehen“ und leichtfertiges Wegwischen der realen Probleme durch fluchtartigen Rückzug in das Landleben bietet kein nachahmenswertes Vorbild. Anstatt eine überlegte und verantwortungsvolle Konfrontation mit dem Thema des Klimawandels, der inzwischen zu einer greifbaren Katastrophe mutiert hat, anzubieten, zeichnet Zeh Doras Eskapismus und Verantwortungsscheu als mögliche Alternative, ohne deren Ethik in Frage zu stellen. Doras Egoismus in der besungenen, vogelzwitschernden heilen Welt des ländlichen Lebens, in der sie dem Rest der Welt den Rücken zukehrt, wirkt verstörend.

4.3.2. Rassismus/Immigration

Das Thema des Rassismus kommt in *Über Menschen* wiederholt deutlich zur Sprache schon als Dora sich mit einem Kaffee bei Heini bedankt, wird sie Ohrenzeugin von rassistischen Witzen, die in ihr „Rassismus-Starre“[472] bewirken, eine Art Unfähigkeit schlagfertig auf derartige Ausfälle zu reagieren: „Ich trinke ihn schwarz“ behauptet Heini. „Hoffentlich kriege ich keinen Ärger mit dem Finanzamt“.[473] „Der Kaffee ist so schwarz [...], der fängt gleich an, Baumwolle zu pflücken“.[474]

Rassismus scheint in Bracken eine normale Erscheinung zu sein, „bei der letzten Landtagswahl ist die AfD[475] in der Gemeinde auf knapp 27 Prozent

---

471 Vgl. Deutsches Zentrum für Luft- und Raumfahrt (2022). „Weltklimabericht – Klimawandel verstärkt Wetter- und Klimaextreme“, 09.08.2021.

472 Zeh, 2021: S. 83: „Aber mit fremdenfeindlichen Sprüchen kommt sie absolut nicht zurecht. Sie verfällt sofort in Rassismus-Starre.“

473 Ibidem: S. 82.

474 Ibidem: S. 84.

475 AfD = Alternative für Deutschland. Im Programm der AfD stehen eine direktere Demokratie durch Bürgerreferenden und die direkte Wahl des Bundespräsidenten in einem identitär-kulturell erstarkten Deutschland. Die Priorität kommt den souveränen Interessen Deutschlands zu, die nicht durch die Europäische

gekommen. Noch ein paar Punkte mehr als im Landesdurchschnitt".[476] Dora erklärt sich dieses Phänomen damit, dass nicht nur Rechtsradikale, sondern Menschen aller Orientierungen aus Angst, Neid oder Egoismus die AfD wählen könnten, ohne gleich Nazis zu sein.[477] Soweit zu Doras Selbstbetrug und Selbstberuhigung.

Ein AfD-Sticker verweist auf die politische Orientierung auf dem Postkasten von Tom und Steffen,[478] einem homosexuellen Paar, das eine Gärtnerei in Bracken betreibt.[479]. Auf Doras Frage, ob sie AfD gewählt hätten, bekommt sie zur Antwort: „Geht ja nicht anders"[480] […] „Die da oben behandeln uns doch wie Idioten."[481] Besonders in Coronazeiten vermeint Tom in den Maßnahmen der Regierung eine „Volksverarschung"[482] zu sehen.[483]

Doras Rassismus-Starre funktioniert nicht mehr nahtlos, zu sehr ist sie als Mitbürgerin des Dorfes nun befangen, zu stark ist die Nähe zu dessen Bewohnern, um an ihrer überzeugten anti-rechtsradikalen Position lückenlos festhalten zu können: „In Bracken ist man unter Leuten. Da kann man sich nicht mehr so leicht über die Menschen erheben".[484]

Das Immigrationsproblem wird ebenso deutlich angesprochen, wenn über die ausländischen Arbeiter im Gärtnerbetrieb von Tom und Steffen gesprochen wird. So fragt Dora: „‚Eure Leute' […] sind das Flüchtlinge?"[485]

Union und Fremdentscheidungen bestimmt werden sollen. Deutschlands Grenzen sollen wieder kontrolliert und geschützt, die einheimische Geburtenrate soll gefördert und die Masseneinwanderung gestoppt werden. Die deutsche Kultur und Sprache stehen im Mittelpunkt und sind vor multikulturellen Einflüssen zu schützen. Der Ausübung des muslimischen Glaubens im Widerspruch zur freiheitlich-demokratischen und christlich-jüdisch-humanistischen Tradition Deutschlands ist entgegenzuwirken (AfD, 2016).

476 Zeh, 2021b: S. 85.

477 Ibidem: S. 85.

478 Ibidem: S. 124.

479 Aktivitäten der Gärtnerei: Cannabis-Plantage (S. 155), Arrangement von Trockenblumen (S. 156), Gewächshäuser und Internetvertrieb (S. 157).

480 Zeh, 2021b: S. 126.

481 Ibidem: S. 127.

482 Ibidem: S. 128.

483 Ibidem: S. 127–128.

484 Ibidem: S. 128.

485 Ibidem: S. 157.

und bekommt als Antwort, dass es sich um „Boat People aus Aleppo[486] handle. „‚Wir nutzen ihre Notlage aus, indem wir sie quasi umsonst für uns arbeiten lassen'".[487] Weiteres kommen jährlich „zwei oder drei Erasmusstudenten aus Portugal",[488] denn Bracken sei „eine Hochburg der Willkommenskultur".[489] Rassismus und Ausländerskepsis seien jedoch, nicht immer unauflöslich verbunden, denn man könne auch gegen Ausländer sein, ohne gleichzeitig Rassist zu sein.[490]

Zeh bedient sich in *Über Menschen* der üblichen Klischees, so wie sich die Gesellschaft rechtsextremistisch denkende Bürger vorstellt. Sie spricht Dora das lähmende Gefühl der „Rassismus-Starre" zu, sobald sie mit offensichtlich rassistischen Sprüchen konfrontiert wird: Sie verliert ihre Schlagfertigkeit und weiß nicht, wie sie sich verhalten soll. Viel einfacher erscheint es ihr, mit einem offen deklarierten Nazi wie Gote umzugehen, als mit „gepflegtem Alltagsrassismus":[491]

> Aber genau damit hat Dora ein Problem. Bei einem Nazi, der wie ein Nazi aussieht und sich wie ein Nazi verhält, weiß man wenigstens, woran man ist. Alltagsrassisten überrumpeln einen aus dem Nichts. Eben noch ein nettes Gespräch, plötzlich ein unkorrekter Spruch. Was dann? Das Gespräch abbrechen und die Unkorrektheit anprangern? Oder die Sache schweigend übergehen, so tun, als hätte man nichts gehört?[492]

Hier spricht Zeh die moralische Verunsicherung des Dazwischenseins an, zwischen Gut und Böse, hin und her gerissen zwischen dem moralischen

486 Der Begriff „Boat people" bezeichnet heute allgemein Flüchtlinge, die am riskanten Meeresweg den Weg in ein neues Leben suchen. Ursprünglich bezeichnete man mit diesem Begriff jedoch die Flucht vieler tausender Vietnamesen nach dem Ende des Vietnamkrieges 1975, der zur Vereinigung von Nord- und Südvietnam unter einer kommunistischen Regierung führte. 1978 nahm Deutschland rund 38.000 „Boat people" auf und schuf zu diesem Anlass den Status des „humanitären Flüchtlings".

487 Zeh, 2021b: S. 158.

488 Ibidem.

489 Ibidem.

490 Ibidem: S. 162.

491 Ibidem: S. 86.

492 Ibidem: S. 86.

Bewusstsein, dass rassistische Äußerungen nicht zulässig sind, und der Feigheit, dagegen anzukämpfen:

> Sie hat schon öfter darüber nachgedacht, was hinter der Rassismus-Starre steckt. Vielleicht ein Dilemma. Die unmögliche Entscheidung zwischen Moralapostel und Feigling. Zwischen persönlicher Überzeugung, gesellschaftlichem Auftrag und individueller Konfliktscheu.[493]

Dora ist, gleich Mia in *Corpus Delicti: Ein Prozess*, das ewige Wesen des Dazwischen,[494] sie weiß nie, angesichts der Vielfalt der Möglichkeiten, wie sie denken und handeln soll, denn sie ist unfähig sich zu einem eigenen Weg mit eigenen Überzeugungen zu bekennen. Ihr ständiges Zweifeln und Zaudern lässt sie unmöglich zu persönlichen Gewissheiten kommen, weil für sie jeder Sachverhalt mehrere Facetten aufweist. Auf Dora ließe sich Margaret Atwoods Satz in ihrem Roman *Der Report der Magd* „Wir waren eine Gesellschaft […], die an ihren zu vielen Möglichkeiten zugrunde ging“[495] in der Singularform anwenden.

Diese Einflechtungen zu Einwanderung und Immigration sowie Ironisierung über die Willkommenskultur Ausländern gegenüber spielen deutlich auf Deutschlands aktuelle Immigrationspolitik und die damit verbundenen Konflikte und Debatten an. Insbesondere hat das Attentat auf das New Yorker World Trade Center am 11. September 2001 neuerlich Debatten über Immigration und Integration aufflammen lassen. Juli Zeh kommentiert dazu, dass dieses einschneidende Ereignis zu einem riskanten Präventivdenken geführt habe, in einer Atmosphäre des allgemeinen Misstrauens und der allgemeinen Überwachung, auf der Suche nach Sicherheit.[496]

Yural Öger stellt gleichfalls fest, dass seit diesem Ereignis die „Islam-Debatte […] teilweise irrationell“[497] verlaufe.

In der Folge des starken Einwanderungsstromes vietnamesischer Flüchtige ab 1978 markierte 1992 der bereits erwähnte Vorfall von

---

493 Ibidem: S. 86.

494 Vgl. das Kapitel „Die Zaunreiterin“ in *Corpus Delicti-Ein Prozess* (Zeh, 2013: S. 152–158).

495 Atwood, M. (2020). *Der Report der Magd Roman*. München. Piper. S. 39.

496 Zeh, 2020: S. 160.

497 Öger, Y. (2011). „50 Jahre Migration aus der Türkei“, in: *interkultur,* Ausgabe 12, Juli–August 2011. Regensburg. ConBrio Verlag, S. 1.

Rostock-Lichtenhagen eine der ersten rassistischen Ausschreitungen im Nachkriegsdeutschland als Reaktion auf das damalige unbeschränkte deutsche Asylrecht.[498]

Jedoch schon vor der kriegsbedingten Aufnahme vietnamesischer Flüchtlinge förderte Deutschland ab 1960 bewusst die Einwanderung von türkischen Gastarbeitern, um dem Arbeitermangel in der wirtschaftlichen Vollbeschäftigungsphase entgegenzutreten. Am 30. Oktober 1961 schloss die deutsche Regierung mit der Türkei das „Anwerbeabkommen" ab, das die Entsendung von türkischen Arbeitskräften in die deutsche Bundesrepublik förderte und regelte.[499] Bis 1973 zogen 910.500 Türken nach Deutschland. Nach den Daten von Statista lebten 2021 1.458.360 türkische Staatsbürger in Deutschland.[500] Bezieht man sich hingegen auf die Anzahl der Personen mit türkischem Migrationshintergrund,[501] so kommt man auf rund 2,9 Millionen Personen.[502]

Auf die Welle der türkischen Einwanderung folgte seit den 80er-Jahren die Rückkehrwelle der „Spätaussiedler", die laut Art. 116, Abs. 1 des Deutschen Grundgesetzes als Deutsche gelten: „Deutscher im Sinne dieses Grundgesetzes ist [...], wer die deutsche Staatsangehörigkeit besitzt oder als Flüchtling oder Vertriebener deutscher Volkszugehörigkeit oder als dessen Ehegatte oder Abkömmling in dem Gebiete des Deutschen Reiches nach dem Stande vom 31. Dezember 1937 Aufnahme gefunden hat".[503] Ziel dieser verfassungsrechtlichen Bestimmung ist das Streben nach Wiedergutmachung gegenüber den Opfern des Nationalsozialismus

498 Vgl. Kapitel 5, Fußnote Nr. 547.

499 Vgl. Zentrum für Migranten und Interkulturelle Studien Bremen (2022). „Regelung der Vermittlung türkischer Arbeitnehmer nach der Bundesrepublik Deutschland (Anwerbeabkommen) nebst Anlage".

500 Statista (2022). „Anzahl der Ausländer aus der Türkei in Deutschland von 2001 bis 2021", 05.05.2022.

501 Darunter werden Personen mit türkischem Pass, Personen türkischer Abstammung mit deutschem Pass und Personen mit der doppelten Staatsangehörigkeit erfasst.

502 Schührer S. (2018). „Türkeistämmige Personen in Deutschland", Working Paper 81. Bundesamt für Migration und Flüchtlinge. S. 5.

503 Bundesministerium der Justiz. „Grundgesetz der Bundesrepublik Deutschland", Art. 116, Abs. 1.

sowie nach Solidarität mit den Deutschen in den Gebieten der ehemaligen Sowjetunion.[504]

So kamen seit 1988 rund „drei Millionen Menschen – ca. 800.000 aus den mittelosteuropäischen Staaten und ca. 2,4 Millionen aus den Nachfolgestaaten der Sowjetunion – im Rahmen der Aussiedleraufnahme in die Bundesrepublik Deutschland. Noch 2019 fanden 7.155 Spätaussiedlerinnen und Spätaussiedler mit ihren Familien Aufnahme in Deutschland".[505]

2015 prägte Bundeskanzlerin Angela Merkel die deutsche Immigrationspolitik mit ihrem Satz „Wir schaffen das"[506] angesichts der syrischen Flüchtlingskrise als Folge des Syrienkrieges. Zwischen August 2015 und Oktober 2017 kamen rund 1.400.000 Asylsuchende nach Deutschland,[507] allein 2015 wurden 476.649 Asylanträge gestellt,[508] als tausende Flüchtlinge in Ungarn blockiert waren. Angela Merkel erklärte die deutschen Grenzen für offen, ohne Einschränkung der Aufnahmezahlen[509] und unbeachtet des Dubliner Übereinkommens.[510] Die massenhafte Aufnahme

---

504 Bundesministerium des Innern und für Heimat (2022). „Vertriebene und Spätaussiedler".

505 Ibidem.

506 Hasselbach, Ch. (2020). „Flüchtlingspolitik: Fünf Jahren ach ‚Wir schaffen das!'" in *DW*, 25.08.2020.

507 Karolewski Ireneusz P. & Benedikter R. (2018). „Europe's refugee and migrant crisis: Political responses to asymmetrical pressures", in: *Politique européenne* Nr. 60, S. 102.

508 Verronneau Ph. (2021). „Angela Merkel face à la crise migratoire de 2015 : entre précautions d'usage et formules ‘politiquement correctes'", *ILCEA* 42 | 2021, Punkt 13.

509 Karolewski Ireneusz P. & Benedikter R., 2018: S. 102.

510 Nach Art. 7 Gesetzes zu dem Übereinkommen vom 15. Juni 1990 über die Bestimmung des zuständigen Staates für die Prüfung eines in einem Mitgliedstaat der Europäischen Gemeinschaften gestellten Asylantrags (Dubliner Übereinkommen) müssen Asylwerber in dem Land der Europäischen Union registriert werden, das sie zuerst betreten haben: „Die Prüfung des Asylantrags obliegt dem Mitgliedstaat, der für die Kontrolle der Einreise des Ausländers in das Hoheitsgebiet der Mitgliedstaaten zuständig ist, es sei denn, dass der Ausländer, nachdem er legal in einen Mitgliedstaat, in dem für ihn kein Visumzwang besteht, eingereist ist, seinen Asylantrag in einem anderen Mitgliedstaat stellt, in dem er ebenfalls kein Einreisevisum vorweisen muss. In diesem Fall ist der letztgenannte Staat für die Prüfung des Asylantrags zuständig" (BGBl. Teil II 1994 Nr. 28 vom 06.07.1994).

von muslimischen Flüchtlingen wird von den einen als humanitäre Geste Deutschlands, von anderen jedoch als sozio-politische Überforderung des Landes gewertet und als Ursache für das Aufleben rechts-extremistischer Strömungen angesehen.[511]

Der Andrang von Flüchtlingen wird nun neuerlich durch den Krieg zwischen Russland und der Ukraine belebt, denn am 21. August 2022 zählte das deutsche Bundesamt für Migration und Flüchtlinge 967.000 Flüchtlinge, die seit dem Ausbruch des Krieges nach Deutschland gekommen sind, unbeachtet jedoch möglicher Weiterreisen oder Doppelzählungen. Laut Schätzungen des UN-Flüchtlingskommissariats sind bis zum 17. August 2022 mehr als 10,7 Millionen Menschen aus den ukrainischen Kriegsgebieten geflohen.[512]

Juli Zeh unterschrieb am 29. April 2022 einen ersten offenen Brief an Bundeskanzler Olaf Scholz in dem sie sich, gemeinsam mit anderen Persönlichkeiten, gegen die Lieferung schwerer Waffen an die Ukraine stellt, mit der Befürchtung, Deutschland könne dadurch zur Kriegspartei werden und einen Dritten Weltkrieg auslösen.[513] Ein zweiter offener

511 Karolewski Ireneusz P. & Benedikter R., 2018: S. 102–103.

512 Statista (2022). „Gesamtzahl der offiziell gezählten Kriegsflüchtlinge aus der Ukraine in Deutschland bis August 2022“. 21.08.2022.

513 Hier sei der Wortlaut des offenen Briefes wiedergegeben: „Sehr geehrter Herr Bundeskanzler, wir begrüßen, dass Sie bisher so genau die Risiken bedacht hatten: das Risiko der Ausbreitung des Krieges innerhalb der Ukraine; das Risiko einer Ausweitung auf ganz Europa; ja, das Risiko eines 3. Weltkrieges. Wir hoffen darum, dass Sie sich auf Ihre ursprüngliche Position besinnen und nicht, weder direkt noch indirekt, weitere schwere Waffen an die Ukraine liefern. Wir bitten Sie im Gegenteil dringlich, alles dazu beizutragen, dass es so schnell wie möglich zu einem Waffenstillstand kommen kann; zu einem Kompromiss, den beide Seiten akzeptieren können.
Wir teilen das Urteil über die russische Aggression als Bruch der Grundnorm des Völkerrechts. Wir teilen auch die Überzeugung, dass es eine prinzipielle politisch-moralische Pflicht gibt, vor aggressiver Gewalt nicht ohne Gegenwehr zurückzuweichen. Doch alles, was sich daraus ableiten lässt, hat Grenzen in anderen Geboten der politischen Ethik.
Zwei solche Grenzlinien sind nach unserer Überzeugung jetzt erreicht: Erstens das kategorische Verbot, ein manifestes Risiko der Eskalation dieses Krieges zu einem atomaren Konflikt in Kauf zu nehmen. Die Lieferung großer Mengen schwerer Waffen allerdings könnte Deutschland selbst zur Kriegspartei machen. Und ein russischer Gegenschlag könnte so dann den Beistandsfall nach dem

Brief folgte am 29. Juni 2022[514] in dem Juli Zeh, gemeinsam mit anderen

---

NATO-Vertrag und damit die unmittelbare Gefahr eines Weltkriegs auslösen. Die zweite Grenzlinie ist das Maß an Zerstörung und menschlichem Leid unter der ukrainischen Zivilbevölkerung. Selbst der berechtigte Widerstand gegen einen Aggressor steht dazu irgendwann in einem unerträglichen Missverhältnis. Wir warnen vor einem zweifachen Irrtum: Zum einen, dass die Verantwortung für die Gefahr einer Eskalation zum atomaren Konflikt allein den ursprünglichen Aggressor angehe und nicht auch diejenigen, die ihm sehenden Auges ein Motiv zu einem gegebenenfalls verbrecherischen Handeln liefern. Und zum andern, dass die Entscheidung über die moralische Verantwortbarkeit der weiteren „Kosten" an Menschenleben unter der ukrainischen Zivilbevölkerung ausschließlich in die Zuständigkeit ihrer Regierung falle. Moralisch verbindliche Normen sind universaler Natur.

Die unter Druck stattfindende eskalierende Aufrüstung könnte der Beginn einer weltweiten Rüstungsspirale mit katastrophalen Konsequenzen sein, nicht zuletzt auch für die globale Gesundheit und den Klimawandel. Es gilt, bei allen Unterschieden, einen weltweiten Frieden anzustreben. Der europäische Ansatz der gemeinsamen Vielfalt ist hierfür ein Vorbild.

Wir sind, sehr verehrter Herr Bundeskanzler, überzeugt, dass gerade der Regierungschef von Deutschland entscheidend zu einer Lösung beitragen kann, die auch vor dem Urteil der Geschichte Bestand hat. Nicht nur mit Blick auf unsere heutige (Wirtschafts)Macht, sondern auch in Anbetracht unserer historischen Verantwortung – und in der Hoffnung auf eine gemeinsame friedliche Zukunft. Wir hoffen und zählen auf Sie!" (Zeh & al., 2022a).

514 Es sei hier der Wortlaut des 2. Offenen Briefes wiedergegeben:

„Europa steht vor der Aufgabe, den Frieden auf dem Kontinent wiederherzustellen und ihn langfristig zu sichern. Dazu bedarf es der Entwicklung einer Strategie zur möglichst raschen Beendigung des Krieges."

Die Ukraine hat sich unter anderem dank massiver Wirtschaftssanktionen und militärischer Unterstützungsleistungen aus Europa und den USA bislang gegen den brutalen russischen Angriffskrieg verteidigen können. Je länger die Maßnahmen fortdauern, desto unklarer wird allerdings, welches Kriegsziel mit ihnen verbunden ist. Ein Sieg der Ukraine mit der Rückeroberung aller besetzten Gebiete einschließlich der Oblaste Donezk und Luhansk und der Krim gilt unter Militärexperten als unrealistisch, da Russland militärisch überlegen ist und die Fähigkeit zur weiteren militärischen Eskalation besitzt.

Die westlichen Länder, die die Ukraine militärisch unterstützen, müssen sich deshalb fragen, welches Ziel sie genau verfolgen und ob (und wie lange) Waffenlieferungen weiterhin der richtige Weg sind. Die Fortführung des Krieges mit dem Ziel eines vollständigen Sieges der Ukraine über Russland bedeutet Tausende weitere Kriegsopfer, die für ein Ziel sterben, das nicht realistisch zu sein scheint.

Die Folgen des Krieges sind zudem nicht mehr auf die Ukraine begrenzt. Seine Fortführung verursacht massive humanitäre, ökonomische und ökologische Notlagen auf der ganzen Welt. In Afrika droht eine Hungerkatastrophe, die Millionen von Menschenleben kosten kann. Rasant gestiegene Preise, Energie- und Nahrungsmangel haben in vielen Ländern bereits zu Unruhen geführt. Auch die Düngemittelknappheit wird sich, wenn der Krieg über den Herbst hinaus fortdauert, global auswirken. Es ist mit hohen Opferzahlen und einer Destabilisierung der globalen Lage zu rechnen. Auch auf internationaler politischer Ebene (G7, UN) werden diese drohenden dramatischen Folgen thematisiert.
Der Westen muss sich Russlands Aggression in der Ukraine und weiteren revanchistischen Ansprüchen geeint entgegenstellen. Doch ein Fortdauern des Kriegs in der Ukraine ist nicht die Lösung des Problems. Die aktuellen Entwicklungen um den Bahntransit in die russische Exklave Kaliningrad sowie Putins Ankündigung, atomwaffenfähige Raketensysteme an Belarus zu liefern, zeigen, dass die Eskalationsgefahr zunimmt. Der Westen muss alles daransetzen, dass die Parteien zu einer zeitnahen Verhandlungslösung kommen. Sie allein kann einen jahrelangen Abnutzungskrieg mit seinen fatalen lokalen und globalen Folgen sowie eine militärische Eskalation, die bis hin zum Einsatz nuklearer Waffen gehen kann, verhindern.
Verhandlungen bedeuten nicht, wie manchmal angenommen wird, der Ukraine eine Kapitulation zu diktieren. Einen Diktatfrieden Putins darf es nicht geben. Verhandlungen bedeuten auch nicht, etwas über den Kopf der Beteiligten hinweg zu entscheiden. Die internationale Gemeinschaft muss vielmehr alles dafür tun, Bedingungen zu schaffen, unter denen Verhandlungen überhaupt möglich sind. Dazu gehört die Bekundung, dass die westlichen Akteure kein Interesse an einer Fortführung des Krieges haben und ihre Strategien entsprechend anpassen werden.
Dazu gehört auch die Bereitschaft, die Bedingungen einer Waffenruhe sowie die Ergebnisse von Friedensverhandlungen international abzusichern, was hohes Engagement erfordern kann. Je länger der Krieg andauert, desto mehr internationaler Druck ist erforderlich, um zur Verhandlungsbereitschaft beider Seiten zurückzufinden. Der Westen muss sich nach Kräften bemühen, auf die Regierungen Russlands und der Ukraine einzuwirken, die Kampfhandlungen auszusetzen. Wirtschaftliche Sanktionen und militärische Unterstützung müssen in eine politische Strategie eingebunden werden, die auf schrittweise Deeskalation bis hin zum Erreichen einer Waffenruhe gerichtet ist.
Bislang ist kein konzertierter Vorstoß der internationalen Gemeinschaft, insbesondere der großen westlichen Akteure, erfolgt, um Verhandlungen auf den Weg zu bringen. Solange dies nicht der Fall ist, kann nicht davon ausgegangen werden, dass eine Verständigung unmöglich ist und insbesondere Putin nicht verhandeln will. Dass Kriegsparteien Maximalforderungen stellen oder Friedensgespräche ausdrücklich ablehnen, ist kein ungewöhnlicher Ausgangspunkt in festgefahrenen Konflikten. Der bisherige Verlauf der Verhandlungsversuche zeigt eine anfängliche Verständigungsbereitschaft beider Seiten unter

Unterzeichnern*innen, eine massive Initiative fordert, die Kriegsparteien an den Verhandlungstisch zu bringen, in der Annahme, ein Sieg gegen Russland sei nicht nur unmöglich, sondern zerstörerisch für die Ukraine selbst wie für die Welt. Zehs Position zum Ukrainekrieg wird von Osteuropaexperten als „zynisch“[515] und inkompetent in Russlandfragen kritisiert, wenn sie und ihren Mitunterschreiber*innen meint, Putins expansionistische Bestrebungen können durch Verhandlungen gestoppt werden.[516] Dass Putin zu keiner Verhandlung bereit sei und es deshalb wesentlich sei, die Ukraine mit Panzern zu versorgen, das bestätigt in einem Interview vom 21. September 2022 Joachim Krause, Direktor des Instituts für Sicherheitspolitik an der Universität Kiel.[517] Juli Zeh hingegen beharrt in einem Interview in der Sendung „Spitzengespräch“ vom 21. September 2022 auf ihrer Ablehnung zur Lieferung schwerer Waffen an die Ukraine und besteht, entgegen aller Experten, auf dem Glauben, Putin könne zu Verhandlungen bewegt werden.

Zehs jüngste öffentliche Interventionen zum diesem hoch politischen Thema zeugen neuerlich von ihrem politischen Engagement, das denn auch so stark in *Über Menschen* durchbricht. Ihre stark subjektiven,

---

Annäherung der Zielvorstellungen. Nur eine diplomatische Großoffensive kann aus der momentanen Sackgasse herausführen.
Die Aufnahme von Verhandlungen ist keine Rechtfertigung von Kriegsverbrechen. Wir teilen den Wunsch nach Gerechtigkeit. Verhandlungen sind indes ein notwendiges Mittel, um Leid vor Ort und Kriegsfolgen auf der ganzen Welt zu verhindern. Angesichts drohender humanitärer Katastrophen sowie des manifesten Eskalationsrisikos muss der Ausgangspunkt für die Wiederherstellung von Stabilität schnellstmöglich gefunden werden. Nur eine Aussetzung der Kampfhandlungen schafft die dafür notwendige Zeit und Gelegenheit. Die Bedeutung des Ziels verlangt, dass wir uns dieser Herausforderung stellen und alles tun, damit ein baldiger Waffenstillstand und die Aufnahme von Friedensverhandlungen möglich werden – und alles unterlassen, was diesem Ziel entgegensteht“. (Zeh, J. & al. (2022b).

515 Marinič, J. (2022). „Man träumt von einem Putin, den es nicht gibt“, in: *Deutschlandfunk Kultur*, 30.06.2022.

516 FOCUS online (2022). „Replik auf ‚Waffenstillstand jetzt!‘ Schwere Waffen jetzt“, 19.07.2022.

517 NTV (2022). „Politologe zu Mobilmachung: Putins ‚Spezialoperation‘ ist gescheitert“, 21.09.2021.

persönlichen Stellungnahmen sowohl in ihrem Schreiben als auch auf der öffentlichen Szene sollten jedoch mit kritischem Abstand wahrgenommen werden, mit dem Bewusstsein, dass es sich um persönliche Einstellungen handelt, denen ein verlässlicher Wahrheits- und Kompetenzwert abgesprochen werden muss.

Unter diesem Blickwinkel muss auch die kontrafaktische Variation zum Thema Immigration in *Über Menschen* als Ironisierung zur deutschen Immigrationspolitik gewertet werden, zwischen Ablehnung des Rassismus und kritischer Haltung gegenüber der Handhabung des Immigrationsproblems, das der AfD, nach Doras Meinung, Auftrieb gegeben habe: „Irgendwie, denkt Dora, hat Deutschland die AfD beim Universum bestellt und bekommen“.[518]

4.3.3. Frauen in der Bundeswehr und Homoehe

In einer bereits erwähnten Ein-Mann-Show lässt Steffen in *Über Menschen* lautstark seine politischen Ansichten verlauten: „[...] Das 21. Jahrhundert springt euch mit dem Arsch ins Gesicht. Jede Frau bei der Bundeswehr, jede Homo-Ehe, jeder Zuwanderer, jedes neue Klimapaket, das alles springt euch ins Gesicht, und zwar mit dem Arsch!‘“[519]

Steffens Bemerkung „jede Frau bei der Bundeswehr“[520] bezieht sich auf die allgemeine Zulassung zur militärischen Karriere von Frauen in Deutschland, seit dem Bescheid des Europäischen Gerichtshofes vom 11. Januar 2000[521] darüber, dass das deutsche Soldatengesetz[522] sowie die deutsche Soldatenlaufbahnverordnung[523] beide gegen die Richtlinie

518 Ibidem: S. 218.
519 Zeh, 2021b: S. 240.
520 Ibidem.
521 Urteil des Europäischen Gerichtshofes vom 11. Januar 2000. – Tanja Kreil gegen die Bundesrepublik Deutschland – Rechtssache C-285/98.
522 § 1, Absatz 2 Satz 3 des deutschen Soldatengesetzes in der Fassung vom 15. Dezember 1995 (BGBl. I S. 1737), zuletzt geändert durch Gesetz vom 4. Dezember 1997 (BGBl. I S. 2846).
523 § 3a der Soldatenlaufbahnverordnung in der Fassung der Bekanntmachung vom 28. Januar 1998 (BGBl. I S. 326).

des Europäischen Rates vom 9. Februar 1976 zur Gleichbehandlung von Männern und Frauen verstoßen, im folgenden Urteilsspruch:

> Die Richtlinie 76/207/EWG des Rates vom 9. Februar 1976 zur Verwirklichung des Grundsatzes der Gleichbehandlung von Männern und Frauen hinsichtlich des Zugangs zur Beschäftigung, zur Berufsbildung und zum beruflichen Aufstieg sowie in Bezug auf die Arbeitsbedingungen steht der Anwendung nationaler Bestimmungen entgegen, die wie die des deutschen Rechts Frauen allgemein vom Dienst mit der Waffe ausschließen und ihnen nur den Zugang zum Sanitäts- und Militärmusikdienst erlauben.[524]

Damit hat die europäische Rechtsprechung der Gleichstellung zwischen Männern und Frauen in der deutschen Bundeswehr den Weg geebnet. Seit 2001 sind freiwilligen Frauen alle militärischen Laufbahnen offen, 2021 dienten mehr als 23.000 Soldatinnen in der deutschen Bundeswehr.[525]

Die Erwähnung der „Homo-Ehe“ in *Über Menschen* referiert auf die „Einführung des Rechts auf Eheschließung für Personen gleichen Geschlechts“[526] durch das Gesetz zur Einführung des Rechts auf Eheschließung für Personen gleichen Geschlechts vom 30. Juni 2017.[527] Dieser Schritt ist das Resultat, das die sozialdemokratischen, grünen und linken Fraktionen im Bundestag gegen die zurückhaltende Haltung der christlich-demokratischen Fraktionen mehrheitlich erreichten.[528] Seit der Einführung der „Ehe für alle“ im Jahr 2017 wurden in Deutschland 65.600 Ehen zwischen Menschen gleichen Geschlechts geschlossen.[529]

4.3.4. Nachrichtenportal

Wenn Dora in der Berliner Wohnung im Radio oder im Nachrichtenportal über Geschehnisse der Außenwelt erfährt, empfindet sie ein befreiendes

---

524 Europäischer Gerichtshof (2000). Urteil vom 11. Januar 2000. – Tanja Kreil gegen die Bundesrepublik Deutschland – Rechtssache C-285/98.

525 Bundeswehr.de (2022). „Frauen in der Bundeswehr: Europa machte es möglich“, 31. Juli 2022.

526 Deutscher Bundestag (2017). „Mehrheit im Bundestag für die ‚Ehe für alle‘“, in: *Textarchiv* 2017.

527 „Gesetz zur Einführung des Rechts auf Eheschließung für Personen gleichen Geschlechts“ BGBl. 2017 Teil I Nr. 52, S. 2787, ausgegeben am 28.07.2017.

528 Vgl. Deutscher Bundestag, 2017.

529 DESTATIS (2022). „Zahl der Woche vom 5. Juli 2022“. 5. Juli 2022.

Bedürfnis, Flaschen unterschiedlicher Art in den falschen Mülleimer zu werfen, Roberts Ärger und dem Umweltschutz zum Trotz. So begleitet sie die Information zu Traktor-Demonstrationen in Berlin, zur Ausrufung des Klimanotstandes durch das Europäische Parlament,[530] zum Attentat auf mehrere Menschen auf der London Bridge,[531] zur Wahl von Norbert Walter-Borjans und Saskia Esken zur Doppelspitze der SPD[532] sowie zur Ermordung von General Kassem Soleimani mit dem Wurf von Flaschen in den falschen Mülleimer.[533] Wiederum kommt hier eine bedauernswerte Intoleranz gegenüber der dringenden Umweltfrage sowie gegenüber gesellschaftsbewegenden aktuellen Problemen im Allgemeinen zutage. Eskapismus und „Sich-nicht-damit-konfrontieren", bei gleichzeitiger Indifferenz Umweltimperativen gegenüber, erscheinen nicht als verantwortungsvolle Alternativen.

Ebenso wird Dora in Bracken von „Bläschen" im Bauch heimgesucht, sobald sie das Nachrichtenportal im Internet öffnet und dabei erfährt, dass Angela Merkel die zweite Coronawelle ankündigt, dass der Berliner Flughafen neuerlich eröffnen soll, dass ein Theaterregisseur sich gegen das Händewaschen wehrt,[534] und dass in Kanada ein verkleideter Mann 22 Menschen erschossen habe.[535]

---

530 Am 29.11.2019 rief das Europäische Parlament den Klimanotstand aus und forderte die Reduzierung der Treibhausgasemissionen um 55% bis 2030, die Beschränkung der Erderwärmung auf 1,5°C sowie die Verringerung der Emissionen aus Schiff- und Luftfahrt (Aktuelles Europäisches Parlament, 2019).

531 Am 29. November 2019 tötete Usman Khan, ein Kämpfer des Islamischen Staates (IS), zwei Menschen mit Messerstichen und verletzte drei weitere Passanten auf der London Bridge (ZEIT ONLINE, 2019; Röhrich, R. & al., 2019).

532 Am 06.12.2019 wurden Saskia Esken (75,9%) und Norbert Walter-Borjans (89,2%) beide bei internen Wahlen zu den Vorsitzenden der SPD gewählt. (SPD, 2019).

533 Zeh, 2021b: S. 71–72.

534 Zeh spielt hier auf Theaterregisseur Frank Castrof an, der laut Wolfgang Höbel, zum „republikanischen Widerstand" gegen die Coronamaßnahmen aufrief und provokant erklärte, dass er sich nicht von Frau Merkel das Händewaschen vorschreiben lasse (Höbel, W., 2020).

535 Zeh, 2021b: S. 202.
Tatsächlich erschoss der 51-jährige Gabriel Wortman, als Polizist verkleidet, während eines Amoklaufes zwischen dem 18. und 20. April 2020 in der Provinz

Die Kenntnisnahme des Inhalts des Nachrichtenportals verursacht Dora also „Bläschen“ im Bauch,[536] denn die Tatsache, durch unerfreuliche Nachrichten in ihrer idyllischen dörflichen Scheinwelt gestört zu werden, dürfte sie nerven, genauso wie sich Juli Zeh, laut eigenen Angaben, durch die Geräusche der Stadt in ihrer schriftstellerischen Tätigkeit gestört fühlte.[537]

Doras Einstellung scheint die „Vogel-Strauß-Politik“ im Interesse einer erzwungenen, jedoch verantwortungslosen Sorglosigkeit zu privilegieren. So sinniert sie darüber, dass Nazis, in ihren festgelegten Denkschemen, vermutlich nicht an Schlaflosigkeit oder an Bläschen im Bauch leiden: „*Exit* grübelnder Skeptizismus, *Enter* sorglose Engstirnigkeit.“[538]

Die Sehnsucht nach Flucht, nach Freiheit, nach dem Abwerfen von Verantwortlichkeiten und der täglichen Konfrontation mit dem realen Hier und Jetzt scheint Doras Denken zu bestimmen. Sie möchte sich nicht darum kümmern, Entscheidungen zu treffen, zwischen Gut und Böse, zwischen politisch korrekt oder nicht korrekt, sie möchte den bequemsten Weg des „Dazwischenstehens“ gehen, denn wie Steffen feststellt, geht es nicht darum, „Widersprüche aufzulösen, […] sondern sie auszuhalten“.[539]

Schon in Zehs Roman *Corpus Delicti: Ein Prozess* zeichnet sich die Protagonistin Mia durch eskapistisches Dazwischenstehen aus:

> Die Zaunreiterin befindet sich auf der Grenze zwischen Zivilisation und Wildnis. Zwischen Diesseits und Jenseits, Leben und Tod, Körper und Geist. Zwischen Ja und Nein, Glaube und Atheismus. Sie weiß nicht, zu welcher Seite sie gehört. Ihr Reich ist das Dazwischen.[540]

Nova Scotia in Kanada 23 Menschen, darunter eine Polizistin, und fand zuletzt selbst den Tod.
Dass der Täter als kanadischer Polizist verkleidet war „und in einem auf einer Auktion ersteigerten Polizeiwagen unterwegs war, lasse vermuten, dass die Tat geplant gewesen sein könnte. Andere Spekulationen gehen dahin, dass ein Streit mit der Freundin der auslösende Moment gewesen sein könnte (Hautkapp, D., 2020).

536 Zeh, 2021b: S. 202–203.

537 Sibum, 2020.

538 Ibidem: S. 296.

539 Ibidem: S. 162.

540 Zeh, 2013: S. 155.

Dieses Fluchtbedürfnis scheint nicht nur Dora zu eigen zu sein, sondern dürfte, nach den zahlreichen Interviews mit der Autorin zu schließen,[541] eine Spiegelung von Zehs eigenen Ausweichungstendenzen sein. Doras Unwille sich Problemen zu stellen, Entscheidungen zu treffen und sich mutig zu Überzeugungen zu bekennen, generiert in *Über Menschen* ein ethisch-moralisches Problem, wenn die alleinige Ontologie des „Menschseins" alle Probleme, Zweifel und Widersprüche zu tilgen imstande ist. In der Folge soll die Gefahr der Rekurrenz auf eine übersteigerte Simplifizierung von komplexen Situationen – ohne zwischen gut/böse, moralisch/unmoralisch, ethisch/unethisch zu diskriminieren – aufgezeigt werden. Die Evokation von Kants, Rousseaus und Arendts Ansätzen dazu soll eine Interpretationshilfe zu Doras Verhalten im Lichte der Parameter von Moral und Ethik dieser drei Philosophen liefern.

541 Zeh, J. (2021d). „Juli Zeh sieht die Zukunft auf dem Land", in: *Morgenmagazin*, 08.11.2021.
Renno, B. (2021). „Das Saarbrücker Gespräch mit Juli Zeh". *SR-Mediathek*, 12.11.2021.
ZDF-Aspekte (2021). „Juli Zehs neuer Roman ‚Über Menschen' – Eine unmögliche Beziehung", 19.02.2021.

5. Zur ethischen Wertung von Gut und Böse in *Über Menschen*

Dora bekennt sich nicht zu einer politischen Bewegung, sie ist politisch nicht engagiert und lehnt es ab, sich ideologisch festzusetzen. Ebenso ist sie auch keine „strenge Verfechterin von ‚political correctness'",[542] aber instinktiv, mehr aus menschlichen Prinzipien als aus ideellen Überzeugungen, missbilligt sie Extremismus und Rassismus: „Aber mit fremdenfeindlichen Sprüchen kommt sie absolut nicht zurecht. Sie verfällt sofort in Rassismus-Starre".[543]

Nun ist im Land Brandenburg der Anteil an AfD-Wählern deutlich höher,[544] als im Bundesdurchschnitt,[545] aber Dora schlägt alle Warnungen diesbezüglich in den Wind.

Die gegenwärtige Regierung unter Angela Merkel treibe nach Meinung der Dorfbewohner den kleinen Bürger durch eine realitätsferne Politik, die die Sorgen und Bedürfnisse der ruralen Bevölkerung nicht berücksichtige, in die Arme der AfD. Es fehlen Schulen, alte Menschen erfahren keine angemessene Betreuung, die in der Altenpflege Beschäftigten verdienen einen Hungerlohn, trotz unmöglicher Arbeitszeiten und ohne Hygieneplan in Coronazeiten.[546] Die ärztliche Versorgung liege im Argen, es fehlen öffentliche Infrastrukturen, die kleinen Läden können nicht überleben, der erarbeitete Verdienst reiche nicht, um die Lebenskosten zu bestreiten.[547] „Irgendwie, denkt Dora, hat Deutschland die AfD beim Universum

542 Zeh, 2021b: S. 83.

543 Ibidem: S. 83.

544 Im Land Brandenburg, in dem Bracken fiktiv zu verorten ist, bekam die AfD beim ersten Gang der letzten Wahlen 2021 18,3% und im zweiten Wahlgang 18,1% der Wählerstimmen. Vgl. Der Bundeswahlleiter, 2021b.

545 Bei der Bundestagswahl von 2021 bekam die AfD bundesweit 10,3% der Wählerstimmen: Vgl. Der Bundeswahlleiter, 2021a.

546 Zeh, 2021b: S. 127.

547 Ibidem: S. 218.

bestellt und bekommen".[548] Die persönliche Unzufriedenheit wird zum Zündstoff für politische Radikalisierung.[549]

Eine erste Vorahnung von radikaleren Ansichten bekommt Dora, sobald sie Bekanntschaft mit ihrem neuen Nachbarn Gote macht, der sich unverblümt als der „Dorf-Nazi" vorstellt.[550] Sein Äußeres weist schon auf mögliche rechtsradikale Tendenzen hin: „Sein Schädel ist sauber rasiert und glänzt wie eine Bowlingkugel [...]"[551]. Die endgültige Bestätigung von Gotes Gesinneshaltung bekommt Dora, als sie ihn das Horst-Wessel-Lied, gemeinsam mit Sinnesgenossen, grölen hört,[552] obwohl es in Deutschland verboten ist. Die äußere Erscheinung von Gotes Nazifreunden unterstreicht den Eindruck von Rechtsradikalismus:

> Es sind vier Männer, Gote eingeschlossen. Sie sitzen vor dem Bauwagen um den Campingtisch, eine ganze Batterie von Bierflaschen zwischen sich [...]. Zwei der Männer scheinen aus derselben Produktionsserie zu stammen wie Gote. Runde Köpfe auf massigen Schultern, Cargo-Shorts im Flecktarn und verwaschene T-Shirts. Der eine trägt einen dunklen Vollbart, mit dem er auch als Dschihadist durchgehen könnte. Der andere ist von Tätowierungen bedeckt, die sich von den Armen über die Schultern bis an den Rand des Gesichts ausbreiten.[553]

Gote ist seit seiner Jugend – schon geprägt durch seinen neonazistisch denkenden Vater – fremden- und schwulenfeindlich. Seine erste Teilnahme an gewalttätigen Ausschreitungen geht auf das Jahr 1992 zurück, als er als 13-jähriger Junge mithalf „Unterkünfte von vietnamesischen Vertragsarbeitern anzuzünden".[554] Über Gotes weitere extremistische Ausschreitungen

548 Ibidem: S. 218.
549 Ibidem: S. 174.
550 Ibidem: S. 45.
551 Ibidem: S. 43.
552 Ibidem: S. 175–177.
553 Ibidem: S. 176.
554 Ibidem: S. 365Nur zwei Jahre nach der deutschen Vereinigung, im August 1992, fand im Stadtteil Rostock-Lichtenhagen von Rostock das größte Pogrom der deutschen Nachkriegsgeschichte statt: rechtsradikale Massen griffen, unter dem Beifall der lokalen Bevölkerung, das Sonnenblumenhaus, in dem sich die zentrale Aufnahmestelle für Asylwerber (ZAST) sowie das angrenzende Wohnheim vietnamesischer Vertragsarbeiter befand, an. Mehr als hundert Insassen drohte

oder Aussagen in der Vergangenheit erfährt Dora von den Dorfbewohnern: „Er kam gelegentlich rüber, um vor dem Haus zu randalieren. Arschficker, Kanacken, ich mach euch alle fertig. So in der Art“.[555] Nebenbei war er damit beschäftigt, Morddrohungen an Türen zu kleben, Briefkästen mit Ketchup zu füllen und schwarze Holzkreuze in Vorgärten zu stellen.[556] Seit jeher richtet sich Gotes Aggressivität gegen Tom und Steffen, das schwule Paar des Dorfes, das Fremdarbeiter auf den zur Gärtnerei gehörenden Feldern beschäftigt. Regelmäßig bedenkt Gote die beiden mit Beschimpfungen wie „Schick deine Kanacken raus, du Schwuchtel!“,[557] „Scheiß Arschficker! Scheiß Kanacken!“, „Schwanzlutscher!“.[558] Dora gegenüber bemerkt er, dass er „doch kein Polacke“[559] sei.

Sadie berichtet Dora über Gotes Beteiligung an einem versuchten Totschlag eines linksgerichteten Paares im Jahr 2017.[560]

---

der Tod, dem sie nur durch einen glücklichen Zufall, dank der Flucht über die Dächer, entgehen konnten.
Ausgangspunkt für diese rechtsradikalen Ausschreitungen war das im damaligen Artikel 16 des deutschen Grundgesetzes verankerte unbeschränkte Asylrecht, in dessen Genuss hunderttausende Asylbewerber aus den Ostblockstaaten kamen (knapp nach dem Fall der Berliner Mauer 1989) und die bestehenden Aufnahmestrukturen überforderten (Prenzel, 2017; Lichtenhagen im Gedächtnis, 2022).
Seit diesem unrühmlichen Vorfall in Rostock, wurde das deutsche Grundgesetz durch den Artikel 16a ergänzt, der das Recht auf Asyl dem Prinzip der Gegenseitigkeit sowie der fehlenden Gewährleistung der Menschenrechte unterstellt: „(1) Politisch Verfolgte genießen Asylrecht.

> (2) Auf Absatz 1 kann sich nicht berufen, wer aus einem Mitgliedstaat der Europäischen Gemeinschaften oder aus einem anderen Drittstaat einreist, in dem die Anwendung des Abkommens über die Rechtsstellung der Flüchtlinge und der Konvention zum Schutze der Menschenrechte und Grundfreiheiten sichergestellt ist“ (BM der Justiz).

555 Zeh, 2021b: S. 159.
556 Ibidem: S. 159.
557 Ibidem: S. 326.
558 Ibidem: S. 327.
559 Ibidem: S. 147.
560 Ibidem: S. 233–234.

Als die Radiologin an der Charité, Frau Dr. Bindumaalini, das MRT von Gote sehen will, beschimpft letzterer sie als Kanackin und verlangt ihre Abschiebung,[561] während er friedlich die Anwesenheit der blonden Röntgenschwester duldet.[562] Noch zuallerletzt auf dem Dorffest, das Tom und Steffen ihm zu Ehren organisieren, äußert sich Gote abfällig über Steffen und „seine Pflanzkanacken“.[563]

Andererseits erweist sich Gote Dora gegenüber als sehr hilfsbereit. Als Dora noch Möbel im Haus fehlen, vor allem ein Bett, findet sie eines Tages in ihrem Schlafzimmer ein selbstgezimmertes Bett, trotz verschlossener Haustüre, das Gote für sie ungefragt angefertigt hat: „Da steht ein Bett. Ein richtiges Bett […]. Das Bett ist aus Holzpaletten gebaut, die jemand abgeschliffen und weiß lackiert hat“.[564] Gote besitzt seit jeher einen Schlüssel von Doras Haus, auf das er immer aufgepasst hat. Auf Doras Fragen dazu antwortet er einsilbig: „Hab immer auf Haus aufgepasst. […] Du bist allein. Und ne Frau. Kannst nicht mal richtig sensen. […] Ich hab Heini gesagt, er soll mal mit der Hilti zu dir rübergehen“.[565] Auf die Frage, wie er denn wusste, dass sie kein Bett hätte, erklärt Gote wortkarg: „Kein Bett. […] Woher weißt du das? Sieht man […] Durchs Fenster? Jepp. Du kommst in meinen Garten und schaust durch die Fenster? Jeden Freitag“.[566]

Nach dem Bett stellt Gote ungefragt vier Stühle vor Doras Haustüre, immerhin ohne das Haus neuerlich in ihrer Abwesenheit zu betreten. „Ein Zeichen, dass er ihre Privatsphäre respektiert“.[567] Dora kann sich eines gewissen Unbehagens, von einem Nazi beschenkt zu werden, nicht erwehren.[568] Sie will nicht bei jemandem in Schuld stehen, der fröhlich das

561 Ibidem: S. 277.
562 Ibidem: S. 278.
563 Ibidem: S. 353.
564 Ibidem: S. 141.
565 Ibidem: S. 146.
566 Ibidem: S. 145.
567 Ibidem: S. 171.
568 Ibidem: S. 172.

Horst-Wessel-Lied mit seinen Freunden grölt: „Ich brauche keine Möbel" wirft sie Gote hin, „Es sind ja nicht mal die Wände gestrichen".[569]

Am kommenden morgen hupt Gote vor Doras Einfahrt und ruft ihr zu „Mach hinne! […] „Biste festgewachsen? […] Einkaufen!"[570] und bringt sie unaufgefordert zum Baumarkt, um mit ihr Farbtöpfe zum Ausmalen des Hauses zu kaufen. Gote ist es auch, der mit Heini die Wände bei Dora streicht,[571] um anschließend die Arbeit mit gemeinsamem Würstchengrillen zu feiern.[572]

Als Dora unfreiwillig einer selbstgefilmten Videoaufnahme einer Kabarettvorführung von Steffen unter dem Titel „Über Menschen" beiwohnt, die wegen Corona nicht live stattfinden kann, wird sie Zeugin von feindseligen Anspielungen auf Gote:

> Vor siebzig, achtzig Jahren. Da wart ihr Übermenschen. Blonde Rassenhengste auf dem Weg zur Weltherrschaft. […] und das Volk ist euch hinterhergedackelt. Und heute? […] Heute sitzt ihr am Campingtisch. Hinter euch der Bauwagen vor euch ein warmes Bier. […] Übermenschen im Unterhemd. […] Ihr rettet nicht Deutschland. […] Abschaum seid ihr. […] Ihr seid der Abschaum, den ihr immer ausrotten wolltet. Keiner mag euch, keiner braucht euch.[573]

Dora ist fasziniert, aber sie will trotz allem nicht, dass Gote mit „Abschaum" verglichen wird und dennoch weiß sie, dass Steffen irgendwie recht hat, selbst wenn er, laut Steffen, seit letzter Zeit etwas ruhiger geworden ist, „Thor sei Dank".[574]

---

569 Ibidem. S. 179.
570 Ibidem: S. 190–191.
571 Ibidem: S. 206.
572 Ibidem: S. 210.
573 Ibidem: S. 239.
574 Zeh spielt hier auf den Donnergott Thor an, eine der bekanntesten Gottheiten der Germanen. Thor, der älteste Sohn des Hauptgottes Odin (Schweizer, 2010: S. 5), galt als ein Gott des Wetters und der Fruchtbarkeit (Eilenstein, 2017, S. 8). Rechtsextremistische Bewegungen berufen sich auch heute gerne auf Götter und/oder Symbole der germanisch-nordischen Mythologie, die auf Begriffen wie „Ehre, Mut, Stolz, Kampf und Stärke" (Schweizer, 2010: S. 4) beruhen und deshalb von solchen Strömungen als identitätsbildendes Mittel

Als Steffen und Tom ein improvisiertes Dorffest speziell für Gote organisieren,[575] bei dem alle Dorfbewohner beieinanderstehen, ohne Spaltung: „Sie machen eine Party, um die einzige Wahrheit zu feiern, die es gibt: dass alle hier und jetzt gemeinsam auf diesem Planeten sind. Als Existenzgemeinschaft. […] Angesichts dessen kann die Vorstellung von Spaltung doch nur ein Irrtum sein“[576], scheint wiederum die Welt dank des „Menschseins“ geheilt zu sein, selbst wenn Gote auch bis zuletzt nicht darauf verzichtet, auf die Pflanzkanacken von Tom und Steffen anzuspielen.[577]

Dora steht im „Dazwischen“ gegenüber dem eindeutigen Rechtsradikalismus, für den Gote steht: Wenn Dora auch moralisch und geistig die Naziideologie ablehnt, kommt sie nicht umhin, in Gote vordergründig den Menschen zu sehen, dem sie sogar, wiederum aus rein menschlichen Gründen, das Nazisein nachzusehen imstande ist.

Wenn sie auch öfters Angst vor seinen möglichen, gewalttätigen Eclats empfindet, unternimmt sich trotzdem nichts, um offen ihre Missbilligung kundzutun und sich entschieden dagegen zu stellen. Entspringt diese Unentschlossenheit im Verhalten und in den Gefühlen gegenüber Gote nur humanistischen Betrachtungen oder mischt sich auch Angst bei? Passt sich Dora aus Angst an die Situation an und beharrt dabei auf ihrer Illusion menschlicher Beweggründe? Denn Angst gepaart mit Feigheit münde, laut Dora, in der psychologischen Anpassung an die gegebenen Umstände, um mit dieser Angst leben zu können:

---

verwendet werden. Der Ausdruck „Thor sei Dank“ im Text von *Über Menschen* ist als Anspielung auf die nazistische Gesinnung Gotes zu verstehen.
Ebenso ist Zehs Anspielung auf den „Thor-Steinar-Pulli (Zeh, 2021b: S. 296)“ zu verstehen: Thor-Steinar ist eine, bei rechtsextremistisch Gesinnten beliebte, Marke der MediaTexGmbH, die Mode im Stil der germanisch-nordischen Mythologie vertreibt. Der Markenname verweist einerseits auf „den germanischen Donnergott Thor und andererseits auf den Waffen-SS-General Felix Steiner“ (Schulze, 2017: S. 293).

575 Zeh, 2021b: S. 344.

576 Ibidem: S. 355.

577 Ibidem: S. 353.

> Das Gehirn gewöhnt sich an die Vorgaben der Angst, integriert sie ins Denken und verwischt die Spuren. Man leidet nicht unter der Angst, sondern praktiziert sie. Man passt sich der veränderten Lage an, bis man schmerzlos mit dem Hintergrund verschmilzt. Dieser Mechanismus sorgt dafür, dass sich das Schreckliche auf der Welt ständig wiederholt. Es gibt nur ein Mittel dagegen: Zu bekämpfen ist nicht das Böse, sondern die eigene Feigheit.[578]

Aber Dora empfindet sogar eine schmerzliche Leere über Gotes Tod: „Gotes Dasein hat sich ihr mitgeteilt. Er hat es mit ihr geteilt. Am Ende haben sie gemeinsam existiert. Verbunden durch die Mauer, die sie trennte".[579] Denn Doras Überzeugung heißt „trotzdem": Trotzdem da sein, trotzdem Hilfe leisten, trotzdem weitermachen, wenn es um einen Menschen geht, egal wie er denkt, egal was er in der Vergangenheit getan hat, egal wie „gut" oder „schlecht" er ist.[580]

Zeh wirft hier die Frage der möglichen oder unmöglichen Diskriminierung zwischen gut und böse auf, die Frage danach, ob nicht alles Böse auch gute Seiten und alles Gute auch böse Seiten habe: „Natürlich steht nirgendwo geschrieben, dass Neonazis keine Hortensien mögen. Komisch ist es trotzdem. Eine Bedrohung des lebenswichtigen Irrtums, man könne das Gute und das Böse spielend leicht auseinanderhalten".[581]

Dass es nicht darum geht, alles auf einen einfachen Nenner zu bringen, sondern darum, Komplexitäten zu erkennen und zu akzeptieren, bringt Steffen auf den Punkt: „Es geht nicht darum, Widersprüche aufzulösen, [...] sondern sie auszuhalten".[582] Zeh spricht sich in einem Interview vom 22. März 2021 dazu aus, dass es in *Über Menschen* um Menschen geht, die sich eigentlich aufgrund starrer Denkschemen nicht begegnen dürfen.[583] Weiteres gehe es nicht nur darum, mit vielschichtigen Fragen und Situationen fertigzuwerden, sondern sich nicht

578 Ibidem: S. 177.
579 Ibidem: S. 404.
580 Ibidem: S. 340.
581 Ibidem: S. 194.
582 Ibidem: S. 162.
583 Zeh, J. (2021e). „Juli Zehs neuer Roman ‚Über Menschen' – Eine unmögliche Beziehung", in: *ZDF aspekte*, 22.03.2021.

durch Angstgefühle von den eigenen Überzeugungen abbringen zu lassen. Komplizierte, unklare Zusammenhänge erzeugen Unsicherheit und Angst, die dazu führen, dass Menschen sich nach einem sicheren Ort sehnen, den sie irrtümlicherweise bei radikalen, politischen Bewegungen wähnen.

Die ständigen Angstgefühle des überforderten, orientierungslosen Individuums, das mit Ohnmacht die weltumspannenden Geschehnisse beobachtet, ohne auf sie konkret einwirken zu können, bilden für Zeh ein willkommenes Ziel für rechtsradikale, populistische Bewegungen, indem letztere tendenziell die „Gefahren" beim Namen nennen und radikale Gegenmaßnahmen entwerfen, die dem verängstigten Bürger ein scheinbares Gefühl der Sicherheit geben sollen. Dabei machen sich diese radikalen Strömungen das Bedürfnis nach klaren Grenzen als Leitlinien zunutze.

Jedoch an die Stelle der bürgerlichen Selbstverantwortung im komplexen Zwischenraum treten der Staat oder die Partei als Beschützer und Problemlöser. So soll der Staat nunmehr den Bürger vor allen Gefahren schützen.[584]

Doras Unentschlossenheit und Unfähigkeit, sich klare Gewissheiten und Überzeugungen zu verschaffen, erscheint jedoch in jedem Fall als fragwürdiges Verhalten, des mündigen Bürgers nicht würdig. Vielmehr reflektiert Dora das wenig nachahmenswerte Exempel der Flüchtigen vor Verantwortung und vor der vernünftig bewussten Konfrontation mit Problemsituationen und Fragen. Ihre Verhaltensweise erinnert an Mia in *Corpus Delicti,* die ursprünglich versucht, sich achselzuckend, ohne Zivilcourage durch das Leben zu manövrieren. Dies wirft ihr denn die ideale Geliebte mit den folgenden Worten vor: „Ich sag dir was du bist. Ein Feigling. Dein ganzes Rationalisieren, dein Für und Wider, dein Besser-und-am-besten-Wissen dient einem einzigen Zweck: ein Leben lang mit den Achseln zucken zu dürfen".[585] Dieses Bild der

584 Vgl. Campus TV Tübingen, 2018.
585 Zeh, 2013: S. 153.

feigen „Achselzuckerin" wird durch Dora weitergeführt, wobei zu hoffen bleibt, dass der Leser in dieser Figur keine Vorbildwirkung sieht, sondern sich kritisch von ihr distanziert.

Gotes fragliche Gesinneshaltung und Verhalten in der Vergangenheit werden in *Über Menschen* mit einem Schlag ausgelöscht, als Dora ihn lebend nach einem Autounfall auffindet: „Versuchter Totschlag, gefährliche Körperverletzung. Mit einem Mal spielt das keine Rolle mehr. Hier liegt ein Mensch [...].[586]

Denn Doras Überzeugung heißt „trotzdem": Trotzdem da sein, trotzdem Hilfe leisten, trotzdem weitermachen, wenn es um einen Menschen geht, egal wie er denkt, egal was er in der Vergangenheit getan hat, egal wie „gut" oder „schlecht" er ist.[587]

Im Widerspruch zu dieser Philosophie der Akzeptanz des Menschen, unbeschadet moralisch-ethischer Wertungen und ohne Korrektur- oder Änderungsanspruch, steht Doras Entwurf des Produktnamens „GUTMENSCH"[588] für Jeans, mit dem Hintergedanken, zukünftige Träger von GUTMENSCH-Jeans mit guten Menschen zu identifizieren. GUTMENSCH solle als „Ikone des zutiefst menschlichen Wunsches, die Welt zu einem besseren Ort zu machen",[589] wirken.

Hier stehen sich Wertungsverweigerung und Wertung des „Guten" dialektisch kontrastierend gegenüber. Wenn Zeh den Begriff des „Guten" insinuiert, so setzt dies ebenso die Ontologie des Bösen voraus, denn ein Begriff ohne relativistische Referenz löscht sich selbst aus.

Zu dieser Erkenntnis scheint Dora auf widersprüchliche Weise auch in *Über Menschen* zu kommen, wenn sie den Begriff des „Nazis" negativ konnotiert: „Von Nazis angepöbelt und niedergestochen wegen ihrer politischen Haltung",[590] „Die Wahrheit lautet, dass es völlig egal ist, ob Dora geht oder bleibt. Weil Nazis nicht aufhören zu existieren, nur weil

---

586 Zeh, 2021b: S. 256.
587 Ibidem: S. 340.
588 Ibidem: S. 79.
589 Ibidem: S. 149.
590 Ibidem: S. 234.

man nicht mehr neben ihnen wohnt“[591] oder wenn ihr sehr unbehaglich zumute ist, als sie Gote und seine Gefährten das Horst-Wessel-Lied singen hört.[592] Ebenso scheint Dora ein Problem mit rechtsextremistischen Politikern wie „Farage,[593] Kaczyinski,[594] Strache,[595] Höcke, Le Pen,[596]

591 Ibidem: S. 235.

592 Ibidem: S. 175–177.

593 Nigel Farage mitbegründete und leitete die Partei für die Unabhängigkeit Großbritanniens, UKIP (UK Independence Party) die entscheidend zum Brexit beitrug (vgl. Jallot, 2016).

594 Jarosław Aleksander Kaczyński ist der Präsident der polnischen rechtsnationalistischen, anti-kommunistischen Partei „Recht und Gerechtigkeit“ (Prawo i Sprawiedliwość – PiS). 1989 war er Unterhändler des Oppositionsführers Lech Walesa an der Spitze der Solidarność und bediente sich seines Einflusses, um Tadeusz Mazowiecki zum Amt des Regierungschefs zu verhelfen. Im Wahlkampf um die Nachfolgepräsidentschaft vertrat Kaczyński Lech Walesa im Wahlkampf. Die Fäden der Macht aus dem Hintergrund ziehend setzt sich Kaczyński für eine „gesunde ‚gerechte‘ Wirtschaft mit mehr Wohlstand für alle“ (Gnauck, 2018: S. 178) ein.

595 Am 23. April 2005 wurde der österreichische Politiker Heinz-Christian Strache Bundesparteiobmann der rechtsradikalen FPÖ (Freiheitliche Partei Österreich) und blieb es bis zum 19. Mai 2019. Bei der Landtagswahl im Oktober 2015 kam die FPÖ mit Strache als Spitzenkandidaten auf 30,8%. Bei den Bundespräsidentenwahlen 2016 verlor der Kandidat der FPÖ, Norbert Hofer, nur mit 46,2% gegen 53,8% für den aktuellen Bundespräsidenten Alexander Van der Bellen (Belafi, 2017: S. 369–370). Am 9. Oktober 2022 findet in Österreich die Wahl des neuen Bundespräsidenten statt. Alexander Van der Bellen tritt gegen sechs stark rechtsorientierte Kandidaten für eine 2. Amtsperiode an (Seidl, 2022). Ideologisch setzt sich die FPÖ für einen, vom Deutschtum losgelösten, „Österreich-Patriotismus“ ein, kämpft gegen die Islamisierung (Belafi, 2017: S. 372) und beharrt auf Österreichs neutralem Status (Ibidem: S. 374), gepaart mit einer feindlichen Haltung zur Europäischen Union in ihrer jetzigen Form (ibidem: S. 375). Die rechtsradikale Ausrichtung der FPÖ wurde besonders unter Straches Führung verstärkt (ibidem: S. 376).

596 Marine Le Pen präsidiert die rechtsradikale französische Partei „Le Rassemblement National (RN)“ (Le Point (2018), zuvor, bis 2018 „Front National“ (FN). Am 24. April 2022 verlor Marine Le Pen ein zweites Mal mit 41,45% der Stimmen die Präsidentschaftswahlen gegen Emmanuel Macron mit 58,55% der Stimmen (Ministère de l’Intérieur et des Outre-Mer, 2022a). Schon 2017 verlor sie mit 33,90% der Stimmen gegen 66,10% der Stimmen für Emmanuel Macron (Ministère de l’Intérieur et des Outre-Mer, 2017). Dennoch ist die

Orbán[597] und Salvini[598]“[599] zu haben, die sie „ertragen“ muss.

Nazis und rechtsextremistische Politiker scheinen die relativierende Kehrseite des „GUTMENSCHEN“ zu sein, ethisch-moralische Betrachtungen dürften bei Dora die Grenze, wenn auch verwaschen und ungenau,

---

Partei von Le Pen gestärkt aus den letzten Präsidentschaftswahlen gegangen, wie dies die letzten Parlamentswahlen im Juni 2022 zeigen: das erste Mal seit ihrem Bestehen bekommt die Partei RN 17,30% der Stimmen und 89 Sitze im Parlament im Vergleich zur Partei von Emmanuel Macron (Ensemble!), die mit 38,57% der Stimmen 244 Sitze im Parlament besetzt (Ministère de l'Intérieur et des Outre-Mer (2022b). Ideologisch ist Le Pens Linie am äußeren rechten Flügel zu verorten. Die Ideen der nationalen Priorität und Souveränität bestimmen das Programm: Kampf gegen Immigration, Islamisation und Kriminalität, Restitution der Kaufkraft an die französischen Familien, Erhöhung der Unabhängigkeit des französischen Staates, Förderung der regionalen Sprachen (Rassemblement National, 2022).

597 Viktor Orbán ist seit dem 29. Mai 2010 autoritärer Regierungschef von Ungarn und führt die Partei Fidesz an. Als ferventer Nationalist und Antieuropäer schürt er den ungarischen Nationalstolz, dessen Wunden seit dem Abkommen von Trianon 1920 mit Gebietsabgaben Ungarns an Rumänien, Jugoslawien und die Tschechoslowakei immer noch offenstehen, an. Seine Partei steht ideologisch für nationale Unabhängigkeit, Ordnung, klare Hierarchien, starke Führung und Kontrolle von Politik und Medien (Wiatr, 2022: S. 166–167).

598 Seit 2013 führt Matteo Salvini die rechtsradikale Partei „Lega Nord“ an, heute in „Lega per Premier Salvini“ umgetauft. 2018 zog die Partei mit 17,34% in das italienische Parlament ein und bildete eine Regierung gemeinsam der Fünf-Sterne-Partei (Cinque Stelle). Salvini bekleidete das Amt des Innenministers vom 01.06.2018 bis 05.09.2019 (Ministero dell'Interno, 2022). Nach einer kurzen Zeit in der Opposition gegen die Regierung Conte formierte sich die Lega unerwarteterweise hinter der technokratischen Regierung von Mario Draghi ab Februar 2021 (Polito, 2021). Nach den vorzeitigen Parlamentswahlen am 25. September 2022, provoziert durch den Rücktritt von Mario Draghi, erreichten die rechtsradikalen Parteien, allen voran die neofaschistische Partei „Fratelli d'Italia“ unter der Führung von Giorgia Meloni fast 26%, Salvinis Lega 8,7% und Berlusconis „Forza Italia“ 8,1%. Der italienische Bundespräsident Sergio Mattarella wird Giorgia Meloni mit der Bildung des Regierungskabinetts betrauen, das sich sehr wahrscheinlich aus Vertretern der drei rechtsradikalen Partien zusammensetzen wird (Eligendo, 2022). Das führende Motto der Lega ist „Italiener zuerst“, zentrales Thema der Debatten sind harte Maßnahmen gegen Immigration und der Kampf gegen die Islamisierung und Afrikanisierung von Italien (Kitzler, 2017).

599 Zeh, 2021b: S. 295.

zwischen Gut und Böse ziehen, bis Gotes „Menschsein“ alle moralischen Wertungen und Bedenken mit einem Schlag zunichte macht, entgegen der menschlichen Vernunft, denn: Wer sich im öffentlichen Leben zur Naziideologie oder zum Rechtsradikalismus bekennt, der bleibt diesen Überzeugungen auch in seiner Privatsphäre treu. Wenn Zeh behauptet, die Privatsphäre sei von der öffentlichen Sphäre klar zu trennen, weshalb es nach ihrer Sicht möglich sei, ruhigen Gewissens mit jedem Menschen im Privaten vorurteilslos zu verkehren,[600] unter der Apanage des „Menschseins“, so kommt dies der Flucht vor moralischer Verantwortung sich selbst und der Gesellschaft gegenüber gleich: Oder, wie Steffen zu Dora bemerkt, dem Wunsch, das Denken zu vereinfachen: „Weil du alles einfach haben willst, ist die Welt immer falsch für dich“.[601] Die Unterscheidung zwischen gut und böse, zwischen Horst-Wessel-Lied und der Liebe zu Hortensien, ist eine komplexe, vielschichtige, die gewiss nicht durch das simple „Menschsein“ aufgehoben werden kann, wie Dora sogar selbst feststellt: „Natürlich steht nirgendwo geschrieben, dass Neonazis keine Hortensien mögen. Komisch ist es trotzdem. Eine Bedrohung des lebenswichtigen Irrtums, man könne das Gute und das Böse spielend leicht auseinanderhalten“.[602] Das „Menschsein“ befreit nicht von verantwortungsvoller Denkarbeit, gefolgt von Entscheidungsfähigkeit, wie Dora es sich zu wünschen scheint: „Plötzlich wäre alles logisch, alles ergäbe einen Sinn. Gote wäre nur noch ein Nachbar und die AfD eine Partei mit einem alternativen Konzept. […] *Exit* grübelnder Skeptizismus, *Enter* sorglose Engstirnigkeit“.[603]

Laut Gerhard Schweppenhäuser nimmt sich Zeh in *Über Menschen* des Menschen auf vereinfachte Weise als gesellschaftsbedürftiges Wesen an, ohne sich jedoch um subtilere Analysen zu bemühen:

> Die Autorinintention von *Über Menschen* ist nicht, Nazis zu verstehen; aber es soll verständlich werden, warum man sie mögen und lieben kann. Zu diesem Behuf hat Zeh sich nicht gescheut, mit der Figur der Dora in die Abgründe des

600 Vgl. Elstermann, K. (2022). „Juli Zeh, Über Menschen und Literatur, Gespräch mit Knut Elstermann“, in: *Brandenburgisches Literaturbüro*, 26.07.2022.
601 Zeh, 2021b: S. 161.
602 Ibidem: S. 194.
603 Ibidem: S. 296.

> literarischen Schwulsts hinabzusteigen. Bei ihr stehen die Menschen im Mittelpunkt. Doch was heißt „die Menschen"? Die Autorin nimmt sich des menschlichen Wesens als solchem an, das in seiner existenziellen Unbehaustheit und Verletzlichkeit der Gemeinschaft bedarf.[604]

Ronald Düker spielt in einer Rezension zu *Über Menschen* auf Nietzsches Übermenschen an, in der Gestalt des „Menschen" der im Roman über politischen Rechtsradikalismus und Coronaskepsis hoch erhaben ist und ironisiert dazu, dass Dora in Gote, trotz seiner erwiesen rassistischen und kriminellen Vergangenheit, nur den „Menschen" sieht: „Es menschelt überhaupt schwer in dieser éducation sentimentale[605] [...] Gote, der Harte, aber Herzliche".[606] Wer „die herzerwärmende Einfühlung ins Menschliche der politischen Ratio"[607] bevorzugt, der würde sich, laut Düker, in *Über Menschen* wiederfinden.

Max Schäfer wendet sich ebenso gegen die Verharmlosung des Nazismus mit einem Verweis auf mögliche verheerende Folgen, die Manja Präkels Roman *Als ich mit Hitler Schapskirschen aß* aufzeige.[608]

Zehs gedankliche Konstruktion weist in *Über Menschen* eine verstörende Simplizität auf, die wenig im Einklang mit der Einforderung kritischer Gesellschaftsbetrachtung und moralischer Prinzipien steht. Sie kontrastiert ebenso mit Zehs Aussage, sie hätte „ein Problem, wenn jemand kommt und sagt: und deswegen braucht man nicht nachdenken, oder deswegen hat es keinen geistigen oder praktischen Wert (über Moral und Ethik nachzudenken, Anm. d. Verf.)".[609] Denn die Reduktion der

---

604 Schweppenhäuser, G. (2021). „Hinter Gedanken: Philosophische Motive in Juli Zehs Halbbildungsroman *Über Menschen*" in: *DAS ARGUMENT 337/2021, S. 166.*

605 Düker nimmt hier Bezug auf den französischen Roman *L'Éducation sentimentale* (1869) von Gustave Flaubert.

606 Düker, R. (2022). „Über Menschen" Hart, aber herzlich, in *ZEIT ONLINE*, 13.04.2022.

607 Ibidem.

608 Schäfer, M. (2021). „Über Menschen" von Juli Zeh: Der freundliche Nazi von nebenan? Blog: https://www.max-schaefer.net/ueber-menschen-juli-zeh-roman-freundliche-nazi-nebenan-provinz-rezension-kritik/

609 Zeh, J. (2014). „Ich weiß, dass ich permanent über Moral schreibe", in: Waldow S. (Hg.). *Ethik im Gespräch: Autorinnen und Autoren über das Verhältnis von Literatur und Ethik heute* (S. 55–64). Bielefeld. Transcript Verlag, S. 62.

Möglichkeit und Akzeptabilität menschlicher Beziehungen auf den rein ontologischen Begriff des „Menschseins“ erscheint, nach den in der europäischen Kultur geltenden moralischen Begriffen, als sehr fragwürdig und verlangt nach diesem „Nachdenken“ dessen sich Zeh, wie es scheint, entgegen ihrer eigenen Grundsätze, in *Über Menschen* verweigert.

In der Folge soll dieses Postulat der Unzulänglichkeit des simplen „Menschseins“ mit Überlegungen zu Ethik und Moral verfestigt werden, wobei vorauszuschicken ist, dass Zeh den Begriff der „Moral“ der Frage nach gut und böse und jenen der „Ethik“ der Frage nach richtig oder falsch zuordnet.[610] Mit Bezug auf ihr literarisches Schaffen sieht Zeh Literatur ipso facto als ethischen Prozess, in dem die Frage nach gut und böse bereits als moralischer Ausdruck zu verstehen sei.[611] Nach Stephanie Waldow sei Ethik „das Reflexionsorgan der Moral. Sie frage nicht nach gut und böse, sondern handelt Begrifflichkeiten aus. […] Sie hinterfragt die Setzung und ist ein permanentes Aushandlungsgeschehen. Zentral bei diesem Aushandlungsprozess ist sicherlich der Andere, mit dem verhandelt wird“.[612]

Im Sinne dieser Diskriminierungskriterien wären die Begriffe der Ethik und Moral mit Bezug auf *Über Menschen* auf zwei Ebenen zu untersuchen: Das ontologische Verständnis, einerseits, Zehs literarische Verhandlung andererseits. Zu untersuchen wird sein, wie Moral und Ethik nach Kant, Rousseau und Arendt zu verstehen sind und wie dieselben Begriffe in *Über Menschen* anhand der Charaktere von Gote und Dora verhandelt werden.

5.1. Literarische Verhandlung von Moral und Ethik in *Über Menschen* mit Blick auf Kant, Rousseau und Arendt

Es soll hier versucht werden, mithilfe der philosophischen Ansätze von Kant, Rousseau und Arendt, Richtlinien zu setzen dafür, was unter moralisch-ethischem Handeln zu verstehen sei, um in einem zweiten Schritt die Fraglichkeit von Doras Postulat „Trotzdem da sein, trotzdem

610 Ibidem: S. 61.
611 Ibidem: S. 62.
612 Ibidem: S. 61.

Hilfe leisten, trotzdem weitermachen, wenn es um einen Menschen geht, egal wie er denkt, egal was er in der Vergangenheit getan hat, egal wie ‚gut' oder ‚schlecht' er ist",[613] aufzuzeigen.

Nach Giovanni Sala ist die Moral als ein Begriff des Sollens zu verstehen, das dem Gesetz des freien und verantwortlichen Handelns des Menschen entspringt.[614]

Achim Vesper stellt fest, dass im kantischen Sinne eine Handlung dann moralisch ist, wenn sie aus moralischen Gründen auf das moralisch Richtige abzielt und dabei nicht entgegen verbotenen Maximen[615] erfolgt. Aus Maximen – d.h. selbstauferlegten Gesetzen deren Bedingung „ nur als für den Willen des Subjekts gültig von ihm angesehen wird"[616] – leiten sich moralisch bedingte Handlungspflichten oder, a contrario, -verbote ab.[617] Gut ist eine Maxime, nach Kant dann, wenn sie in „Übereinstimmung mit dem Moralgesetz gewählt wird und der Akteur die Gesinnung hat, nur solche Maximen zu wählen, die mit dem moralischen Gesetz übereinstimmen".[618] Nach Vesper kann zusammenfassend festgelegt werden, dass eine Handlung im Sinne Kants dann moralisch wertvoll ist, „wenn sie auf einer Maxime beruht, die aufgrund ihrer Übereinstimmung mit dem moralischen Gesetz gewählt wurde",[619] und dies mit dem freien Willen, jene Maximen zu wählen, die mit letzterem übereinstimmen (moralische Gesinnung).

Um nun das Wesen dieses „moralischen Gesetzes" nach Kant näher zu umreißen, ist es sinnvoll, sich auf den kantischen „guten Willen" zu

613 Vgl. Fußnote Nr. 579, S. 126.

614 Sala, G. B. (1990). „Das Gesetz oder das Gute? Zum Ursprung und Sinn des Formalismus in der Ethik Kants", in: *Gregorianum*, *71*(1). GBPress-Gregorian Biblical Press, S. 78.

615 Kant versteht „unter einer Maxime ‚das subjektive Prinzip des Wollens' und den ‚Grundsatz, nach welchem das Subjekt handelt" (Versper, 2018: S. 142).

616 Kant, I. (2015). *Die Drei Kritiken – Kritik der reinen Vernunft. Kritik der praktischen Vernunft. Kritik der Urteilskraft.* Köln. Anaconda Verlag, S. 722.

617 Vesper, A. (2018). „Kant über moralischen Wert und Gesinnung", in: *Aufklärung*, *30*, Felix Meiner Verlag für Philosophie, S. 142–143.

618 Ibidem: S. 143.

619 Ibidem.

stützen: „Unbedingt gut ist […] nur ein Wille, der nicht auf die Erlangung äußerer oder innerer Güter ausgerichtet ist".[620] Und weiter führt Kant aus:

> Da ich den Willen aller Antriebe beraubt habe, die ihm aus der Befolgung irgendeines Gesetzes entspringen könnten, so bleibt nichts als die allgemeine Gesetzmäßigkeit der Handlungen überhaupt übrig, welche allein dem Willen zum Prinzip dienen soll, d.i. ich soll niemals anders verfahren als so, dass ich auch wollen könne, meine Maxime solle ein allgemeines Gesetz werden.[621]

Kant formuliert hier die Idee der allgemeingültigen Handlung, dass der Mensch nicht mit Aufrichtigkeit in sich selbst billigen kann, was er in anderen missbilligt.[622] Das moralische Gesetz ist für ihn „die empfundene Nötigung (ist), das menschliche Handeln so einzurichten, dass es mit dem Willen aller anderen Menschen übereinstimmt. Es ist […] die Aufforderung des Sittengesetzes als Gesetz der Allgemeinheit an uns".[623]

Untersucht man nun Doras Begreifen von moralisch „richtigem" Handeln anhand des kantischen kategorischen Imperativs so wird man gewiss feststellen müssen, dass Doras unschlüssiges Dazwischenstehen[624] zwischen instinktiver Abneigung gegenüber rechtsradikalen Gesinnungshaltungen, einerseits, und dem Bestreben nach ideeller Anpassung und Akzeptanz, bis hin zur vollkommenen Selbsttäuschung, andererseits, um in Gote nichts als den Menschen wahrnehmen zu dürfen, mit der kantischen Auffassung von „Moral" inkompatibel ist. Während Kant fordert, durch eigenen freien, vernünftigen Willen eigene stets gültige Maximen, also Leitlinien, aufzustellen, von denen nicht abgewichen werden darf, geht Dora den Weg der Opportunistin, deren Werte- und Moralverständnis je nach Situation changiert. Diese variierte Applikation ethischer Prinzipien rechtfertige sich, nach Dora, aus ihrer Angst vor möglicher Gewalttätigkeit rechtsradikal Gesinnter, obwohl sie sich darüber bewusst sei, dass

---

620 Vesper, 2018: S. 144.
621 Ibidem: S. 145.
622 Sala, 1990: S. 84.
623 Ibidem: S. 93.
624 Dieses „Dazwischenstehen" kommt besonders deutlich zum Ausdruck, wo Dora zwar um Gotes fragliche Vergangenheit weiß, aber trotzdem nicht möchte, dass Steffen ihn mit „Abschaum" vergleicht (Zeh, 2021: S. 240).

präzise diese moralische Inkonsequenz Ursache für die Wiederholung des Bösen sei.[625]

Die Befolgung des kantischen Imperativs erfordert eine besondere Willensstärke, deren Dora, in jeder Hinsicht, entbehrt. Nicht nur die freiwillige Festlegung eigener moralischer Gesetze, mit der Bestrebung nach Allgemeingültigkeit, sondern auch die unbeirrte Beachtung derselben, Gefühlen, Neigungen, persönlichen Interessen und Trieben zum Trotz, erfordert eine hohe innerliche Festigkeit

Dora ist nicht imstande, sich klare ideelle Richtlinien zu setzen, sie ist nicht einmal imstande zwischen Wollen und Nichtwollen, zwischen Ja und Nein, zu entscheiden. Einerseits befürwortet sie Rassismus und nazistische Ideen nicht,[626] andererseits weicht sie von ihrer ursprünglichen, reservierten Haltung ab, sobald dies ihrem Lebenskomfort dienlich ist: Sie hat nun das Haus in Bracken gekauft, wobei ein Beharren auf ihren antirassistischen Überzeugungen ihr das Verbleiben im Dorf allgemein und besonders in Gotes direkter Nachbarschaft erschweren würde. Hingegen Gote und seine Gesinnungsgenossen weichen unter keinen Umständen von ihren „Maximen“ ab, nur dass es hier nicht um Maximen geht, die im kantischen Sinn einen universellen Anspruch erheben können. So geht Dora den bequemen Weg der Anpassung und der Verflüssigung ihres Moralsystems. Dazu bedarf es mangelnder Willensstärke, einerseits, und, im Widerspruch zu Kant, Streben nach inneren oder äußeren Gütern, wie die Integration in die Dorfgemeinschaft, die Beihilfe, den sozialen Frieden, die Entlastung des persönlichen Gewissens, usw.

Dora verfolgt kontinuierlich widersprüchige Überzeugungen und wenn selbst das Changieren der Gesinnung keine Erleichterung bringt, so ergreift Dora die Flucht: sie flieht vor der Dialektik zu Roberts Weltbild, sie flieht vor den reellen Anforderungen der Coronakrise, sie flieht vor der Verteidigung eigener Überzeugungen und der Konfrontation letzterer mit gegensätzlichen Auffassungen.

Entgegen Kants Aufruf zur rationellen Selbstverantwortung des mündigen Bürgers, bewegt Dora sich, nach kantischem Begriff, im

---

625 Zeh, 2021b: S. 177.
626 Vgl. ibidem: S. 83.

„unmoralischen" Bereich persönlicher Bequemlichkeit, Interessen und situationeller Anpassung, ohne Anspruch auf fortschreitende Vervollkommnung von sich selbst und des Anderen.

Das Rekurrieren auf die Ontologie des „Menschseins" in seiner vereinfachten Natürlichkeit als Lösungsmittel für komplexe Fragen und Situationen zwischen gut und böse, richtig und falsch, ist gewiss, im kantischen Sinne, als unmoralisch zu werten.

Ebenso muss man Zehs Unterscheidung zwischen verwerflicher Gesinneshaltung oder Attitüde des Menschen im öffentlichen Raum und Akzeptanz derselben im privaten Raum[627] jegliche Gültigkeit absprechen: Wenn Gote öffentlich neonazistische Taten vollbringt und Ideen verkündet, kommt er nicht im privaten Raum zu einer neuen oder geänderten Geisteshaltung. Was im öffentlichen Raum inakzeptabel ist, bleibt ebenso inakzeptabel im privaten Raum.

Bei der Untersuchung zur Moralität von Doras Postulat: „Trotzdem da sein, trotzdem Hilfe leisten, trotzdem weitermachen, wenn es um einen Menschen geht, egal wie er denkt, egal was er in der Vergangenheit getan hat, egal wie ‚gut' oder ‚schlecht' er ist"[628] geht es schließlich nicht darum, den kantischen Imperativ in Räumen zu verorten, sondern im eigenen, freien, mündigen und verantwortungsvollen Willen, der weder durch den Ort noch durch die Art des Ortes bedingt zu sein hat.

Giovanni verweist auf eine frühere Erkenntnis Kants des „Guten" in „Gesinnungen und Handlungen, die der Schönheit und Würde der menschlichen Natur entsprechen",[629] um dann das moralische Gefühl als die „Lust an der Anwendung der eigenen Freiheit[630] zu erkennen, wie Kant es denn auch formuliert: „Das moralische Gefühl ist das Gefühl der Vollkommenheit des Willens".[631]

627 Vgl. Elstermann, 2022.
628 Ibidem: S. 340.
629 Sala, 1990: S. 80.
630 Ibidem: S. 87.
631 Ibidem.

Hier kommt, nach Victor Delbos,[632] ein anfänglicher Einfluss von Jean Jacques Rousseau auf Kants Lehre zum kategorischen Imperativ zum Tragen, wenn Rousseau schreibt:

„Selbst das Gebot, die anderen so zu behandeln, wie wir von ihnen behandelt sein wollen, hat als wahre Grundlage nur das Gewissen und das Gefühl; denn so wäre der sachliche Grund dafür, dass ich, obwohl ich selbst bin, handle, als wäre ich ein andrer, zumal da ich zuinnerst überzeugt bin, mich nie im gleichen Fall zu befinden? [...] Wenn aber die Kraft einer expansiven Seele mich eins werden lässt mit meinem Mitmenschen und ich mich sozusagen in ihm fühle, dann will ich nicht, dass er leidet, weil ich nicht leiden will; ich interessiere mich aus Liebe zu mir selbst für ihn, und der Grund für dieses Gebot liegt in der Natur selbst, die mir das Verlangen nach eigenem Wohlsein eingibt [...] Daraus schließe ich, dass es nicht richtig ist, dass die Gebote des Naturgesetzes sich allein auf die Vernunft gründen; sie haben eine festere und sicherere Basis. Die aus der Selbstliebe kommende Menschenliebe ist das Prinzip der menschlichen Gerechtigkeit.[633]

Beide Philosophen nehmen als Bezugspunkt die Notwendigkeit der Übereinstimmung zwischen individuellem und allgemeinem Willen. Während jedoch Rousseau die „moralische Ordnung“ als das Resultat des Zusammenspiels von „Empfindung und Verstand“ sieht,[634] besteht Kant im späteren Verlauf seiner Untersuchungen darauf, dass nur rationelles, vernünftiges Vorgehen den moralischen Wert ausmache.

Rousseau beruft sich auf das spontane, natürliche Mitleid als Ausgangspunkt für die moralischen Tugenden, wobei diese spontane Fähigkeit zum Mitleid umgekehrt proportional zum zivilen Entwicklungsgrad des Menschen sei. Nach Egon Schütz „steht die Spontaneität des Mitleids in einer gewissen Gegenspannung zur Reflexivität moralisch urteilender und deshalb immer zögerlicher Vernunft“[635] denn „im Hintergrund des faktischen Mitleids [...] steht also weniger ein Urteil der Vernunft, sondern das Urphänomen der Selbsterhaltung, die in der prekären Lage des Anderen

632 Delbos, V. (1912). „Rousseau et Kant“. *Revue de Métaphysique et de Morale*, *20*(3), S. 430.
633 Vgl. ibidem: S. 90.
634 Rousseau J. J. (2015). *Emil oder über die Erziehung*. Norderstedt. Books on Demand, S. 508–509.
635 Schütz, E. (1996). „Moralische Erziehung bei Rousseau (Emile, 4. Buch)“. Vorlesung SS 1996. Philosophische Fakultät. Universität zu Köln, S. 46.

die potentielle eigene Gefahr unmittelbar erblickt und darauf gefühlsmäßig und spontan reagiert".[636] Schütz' Analyse erhellt denn Rousseaus Grundsatz: „Nur diejenigen Übel anderer erregen unser Bedauern, vor denen man sich selbst nicht sicher hält".[637]

Dieser Überlegung von Schütz folgend dürfte Doras Mitleidsgefühl für Gote als schwerkranken Menschen zwar spontan erwachsen, aber gleichzeitig auch durch die Furcht vor der Möglichkeit, selbst dasselbe Schicksal zu erleiden, bedingt sein. Die eigene Erleichterung darüber, von dem gefürchteten Schicksal verschont zu bleiben, fördert den Wunsch dem zu Beklagenden zu Hilfe zu kommen. Rousseau bezieht sich hier auf das Gefühl des Mitleids als Quelle tugendhaften Handelns mit Verstand und Gewissen. Aber kann man behaupten, dass Rousseaus tugendhaftes und Kants moralisch-ethisches Handeln genau dasselbe sind? Rousseau räsoniert relativ mit Bezug auf die Möglichkeit des sozialen Zusammenlebens in der Spannung zwischen Individuum und Kollektivität, wohingegen Kant absolut auf das Individuum und seine Fähigkeit, sich selbst zu verpflichten, fokussiert. Man könnte daraus folgern, dass Dora nach Rousseaus Verständnis zwar möglicherweise tugendhaft im Interesse des gesellschaftlichen Zusammenlebens handelt, jedoch keinesfalls Kants Kriterien der Moral erfüllt.

Es bleibt dennoch ebenso zu bezweifeln, dass Doras extensive Hilfeleistung an einem Neonazi Rousseaus Kriterium des Gewissens, neben der spontanen Mitleidsregung, erfüllt, denn nach Rousseau ist es die Vernunft, die das Gewissen hervorbringt, wobei letzteres, nach seiner „Geburt", ersteren überlegen bleibt. So schreibt Rousseau dazu: „Zu oft trügt uns die Vernunft, wir sind nur allzu berechtigt, sie abzuweisen; aber das Gewissen täuscht nie; es ist der wahre Führer der Menschen: es ist für die Seele, was der Instinkt für den Leib ist, wer ihm gehorcht fürchtet nicht, in die Irre zu gehen."[638]

---

636 Ibidem: S. 45.
Vernunft („Tue anderen, wie du willst, dass man dir tue", S. 151) und Natur („Sorge für dein Wohl mit dem geringstmöglichen Schaden für andere" S. 151) stehen sich bei Rousseau gegenüber.

637 Rousseau, 2015: S. 371.

638 Rousseau, J. J. (2004). *Emile oder über die Erziehung*. Stuttgart. utb Verlag, S. 585.

Doras Lebenserfahrung und Vernunft hätten in ihr diesen „moralischer Instinkt“[639], der sich nicht irrt, ausbilden müssen, um zu empfinden, dass ein moralischer Unterschied besteht zwischen gewalttätigen Neonazis und friedlichen, unbescholtenen Bürgern. Rousseaus Vertrauen in den Instinkt des freidenkenden, vernünftigen Menschen, richtig zwischen gut und schlecht zu entscheiden, erläutert Dieter Sturma:

> „Die guten Gründe, aus denen ich handle, müssen mir als solche nicht transparent sein. Lebenspraktisch sind epistemische Unsicherheiten unvermeidlich. Sie fallen überdies ganz unterschiedlich aus. Mir kann bewusst werden, dass ich dabei bin, etwas Falsches zu tun, ohne über die Gründe orientiert zu sein, warum es falsch ist. Das geschieht häufig in existentiell bedeutungsvollen Wahlsituationen. Ich kann das Gefühl haben, etwas Unrechtes zu tun, ohne dass ich, wie etwa bei Selbsttäuschungen, den fraglichen Sachverhalt vollständig vor Augen habe. In diesen Fällen beeinflusst das Gewissen auf scheinbar grundlose Weise meine Handlungsführung. Es drängt mich zu einer bestimmten Entscheidung, die ich nicht wirklich verstehe, von der ich aber annehme, dass sie richtig ist“.[640]

Ausgehend von Rousseaus Vertrauen in das natürliche Gefühl für ethisches Handeln, in „die Stimme der Seele“,[641] wie Hans Lenk bemerkt, die sich durch Vernunft, freien Willen und Erziehung zum untrüglichen Gewissen heranbildet, müsste Doras innere Stimme imstande sein, ethisch-moralische Zweifel bezüglich ihrer unbekümmerten Beseitigung jedes Bedenkens Gotes Gesinneshaltung gegenüber zu formulieren. Dora ist nach Rousseaus Thesen möglicherweise als tugendhaft im Sinne der Selbsterhaltung und der kollektiven Kohäsion, aber unmoralisch im Sinne ihres Zuwiderhandelns, entgegen ihrer eigenen inneren Stimme (das Gewissen) – das ihr zuraunt, wir problematisch Gotes Vergangenheit sei – zu werten.

Im Gegensatz zu Rousseaus „natürlichem“ Ansatz kann für Kant eine Maxime, eine Selbstverpflichtung, die dennoch Ausdruck des freien Wollens ist, nur dann zu einer eindeutigen, bestimmten Gesetzmäßigkeit erhoben werden, wenn sie der Vernunft und nicht der Neigung, Spontaneität

---

639 Ibidem: S. 589.

640 Sturma, D. (2001). *Jean-Jacques Rousseau* (Vol. 549). München. Beck Verlag, S. 112, in: Hlade B. (2014). Der Begriff des Gewissens bei Rousseau. Diplomarbeit. Karl-Franzens-Universität Graz, S. 66.

641 Lenk, H. (1987). „Gewissen und Verantwortung als Zuschreibungen“, in: *Zeitschrift Für Philosophische Forschung*, *41*(4), S. 571.

oder dem Trieb entspringt. Eine emotional bestimmte Handlung aus Mitleid, Freundschaft, Hass, Abneigung usw. kann, nach Kant, nicht als allgemeingültiges, vernünftiges Gesetz gelten, denn sie führt, wie Barbara Herman bemerkt, nur zufällig zu pflichtmäßigen Handlungen.[642]

Dieter Schönecker betont ebenso, dass bei Kant die Vernunft allein das moralische Gesetz formuliert und bestimmt, welche Handlungen geboten sind.[643] Ebenso soll der Mensch stets danach streben seine moralischen Pflichten möglichst vollkommen zu erfüllen, indem er von einer Vollkommenheit zur anderen schreitet. [644] Für Kant steckt selbst „in dem größten Bösewicht noch ein Keim des guten Willens“ nach Gutem zu streben.[645]

Vesper führt dazu aus, dass ein aus Neigung handelnder Mensch nur unzuverlässig seiner moralischen Pflicht nachkommt, denn dieselbe Neigung kann ebenso gut zu pflichtwidrigen Handlungen führen oder sie kann sich je nach der Situation und Lebensphase ändern. Hingegen „einer pflichtmäßigen Handlung aus Pflicht kommt moralischer Wert zu, weil sie auf einer Maxime beruht, die unter beliebigen Handlungsumständen und daher verlässlich zu einer pflichtmäßigen Handlung führt“.[646] Eine Handlung ist somit nach Kant wertvoll, wenn sie einem moralischen Gesetz folgend und um dieses Gesetzes willen (= pflichtmäßige Handlung aus Pflicht) erfolgt, unabhängig davon, ob sie mit Emotionen, Neigungen und Trieben übereinstimmt oder im Widerspruch steht: eine moralisch wertvolle Handlung muss neigungsneutral der reinen Vernunft gehorchen, die danach strebt, das Moralgesetz als solches zu erfüllen.

Doras moralische Aufweichung durch Gotes „gute“ Taten des hilfsbereiten Nachbars[647] ist nach Kant kein Beweis für moralisches Denken und ethisches Handeln, denn sie erfolgen aus spontan emotionalen Zuständen, im Widerspruch zur selbstauferlegten rationell bestimmten moralischen

---

642 Vgl. Herman, B. (1981). „On the Value of Acting from the Motive of Duty“, in: *The Philosophical Review*, *90*(3), S. 365 in: ibidem: S. 147.

643 Schönecker, D. (2010). „Kant über Menschenliebe als moralische Gemütsanlage“, 92(2). Berlin. De Gruyter, S. 142.

644 Vgl. ibidem: S. 161–163.

645 Ibidem: S. 169.

646 Ibidem.

647 Vgl. Zeh, 2021b: S. 141; S. 145–146; S. 171–172; S. 179; S. 190–191; S. 206; S. 210.

Pflicht. Gefühle und Empfindungen sind Schwankungen unterworfen und können daher nicht als moralische Wegweiser gelten. Neben der emotionalen Unzulässigkeit und Unzuverlässigkeit, mischt sich in Doras Attitüde das Interesse am persönlichen Vorteil: Wenn sie Gotes „gute" Taten anerkennt und kompensiert, kann sie darauf hoffen, dass er ihr wohl gesonnen sein werde, wodurch das Furchtpotenzial vor Gotes möglicher Gewalttätigkeit verringert wird. Im Widerspruch zu Kants Suche nach stetiger Selbstverbesserung- und Vervollkommnung als moralischer Mensch, geht es Dora vordergründig um die Befriedigung ihres momentanen Interesses, gut in Bracken zu leben. Ein selbstverpflichtendes moralisches Gesetz als Referenz für ihr Handeln hat sie bisher nicht entworfen.

Wenn Dora angesichts Gotes Autounfalls und seines verletzten Zustandes ihre Bedenken zu seiner Lebensmoral auslöscht und in ihm nur noch den „Menschen" sieht,[648] so folgt sie nicht dem kantischen Moralprinzip, sondern dem spontanen Gefühl des empathischen Mitleids. Unter dem Blickwinkel der kantischen Theorie muss Dora hier moralisch wertvolles Handeln abgesprochen werden.

Für Kant sind die Menschen nicht gut und böse oder weder gut noch böse, sondern werden rigoristisch entweder von einer guten oder einer bösen Gesinnung geleitet, indem sie guten oder bösen Maximen folgen. Ein Mensch ist „böse" im Sinne von Kant, sobald sein Handeln nicht guten Maximen folgt.[649] Kant räumt jedoch ein, dass der Mensch unter Umständen unbewusst aus einer bösen Maxime zu handeln imstande ist, wenn die Handlung selbst nach außen hin gesetzmäßig ist. Eine gute Gesinnung besitzt jener Mensch („sittlich guter Mensch") der beständig das moralische Gesetz über die Selbstliebe stellt, eine böse Gesinnung impliziert das Gegenteil, nämlich die Erhabenheit der Selbstliebe über das Moralgesetz.[650] Ein sittlich guter Mensch ist demnach im kantischen Verständnis ein Mensch, der sich aus innerem, freien Willen selbst allgemein gültige Moralgesetze auferlegt und sie kontinuierlich befolgt ohne des Zwangs

648 Vgl. Ibidem: S. 256.
649 Ibidem: S. 152.
650 Ibidem: S. 156.

von menschlichen Gesetzen zu bedürfen, denn selbst letztere befolgt er mit der gleichen gefestigten moralischen Gesinnung.

Dora scheint einen Willen zur selbst determinierten guten Sinneshaltung im Entwurf des Produktnamens „GUTMENSCH“ für Jeans[651], mit dem Wunsch die Welt zu einem besseren Ort zu machen,[652] zu offenbaren. Jedoch entspricht dieser Ansatz nicht der konsequenten Befolgung eines inneren Gesetzes im Sinne von Kant, denn es geht hier um einen vagen Weltidealismus, der im Konflikt mit Doras Denken und Handeln in konkreten Situationen steht. Dora würde zwar gerne die Welt verbessern, aber letztendlich überwiegt ihr eigenes persönliches Interesse, sprich ihre Selbstliebe, und somit auch ihre „flexible“ Sinneshaltung gegenüber Nazis, deren Existenz sie keinesfalls verhindern könne.[653] Nach dem kantischen Moralbegriff darf das eigene Moralgesetz nicht durch utilitaristisch-opportunistische Betrachtungen verbogen werden, wie dies im Fall von Doras Selbstentlastung von Verantwortung geschieht. Ausschlaggebend ist die Konstante des eigenen Denkens und Handelns mit einem ständigen Anspruch auf strenges Trachten nach eigener fortschreitender Vervollkommnung und jener des Anderen.

In diesem Sinne unternimmt Dora nichts, um Gote moralisch zu „verbessern“, ebenso wenig setzt sie ihm eine eigene, verfestigte Sinneshaltung als „Bollwerk“ entgegen. Im Gegenteil, ihre ursprünglichen Überzeugungen weichen vor dem Determinismus des den Nazis eigenen höchst fragwürdigen „Moralgesetzes“, das zwar keinen Schwankungen unterliegt, jedoch, wie schon bemerkt, im Sinne Kants in keinem Fall Anspruch auf Universalität und Allgemeingültigkeit erheben kann.

In diesem kantischen Sinn darf man Doras Sinneshaltung als „böse“ bewerten, insofern sie unstabil in der Wahl ihrer Maximen ist, die sich je nach der konkreten Erfahrung und dem momentanen Situationsinteresse ändern.

Hingegen könnte Gotes Sinneshaltung, von ihrer rigoristischen Einhaltung her, das Prädikat „gut“ verdienen, wäre sie nicht im Widerspruch mit

---

651 Ibidem: S. 79.
652 Ibidem: S. 149.
653 Ibidem: S. 175–177.

der allgemeingültigen Moral nach dem Postulat Kants, dass das moralische Gesetz „die empfundene Nötigung ist, das menschliche Handeln so einzurichten, dass es mit dem Willen aller anderen Menschen übereinstimmt. Es ist [...] die Aufforderung des Sittengesetzes als Gesetz der Allgemeinheit an uns".[654]

Dora wertet „gut" und „böse" mit Referenz auf den Anderen, im Widerspruch zu Kants Selbstreferenz. Wenn sie vermeint, dass es eigenartig sei, dass Neonazis Hortensien zu mögen imstande seien,[655] also dass selbst Neonazis gute und böse Seiten in sich vereinen, verfehlt sie Kants Imperativ der rigoristischen Einhaltung der eigenen Maximen. Kant zielt nicht auf die Unterscheidung zwischen intrinsisch „guten" und „bösen" oder weder „guten" noch „bösen" Menschen, sondern auf die Befolgung „guter" oder „böser" Maximen. Ein Neonazi, der Hortensien liebt, weicht deshalb nicht von der Befolgung seiner Maximen ab. Die Frage ist hier eine qualitative mit Bezug auf die Natur der Maximen: jene der Neonazis sind nach Kant als „böse" zu werten, da sie keinen Anspruch auf allgemeine Gültigkeit erheben können, dasselbe gilt jedoch auch für Doras changierende Maximen, die ebenso wenig den Anspruch auf Allgemeingültigkeit erheben können.

So müssen im Sinne Kants sowohl Doras als auch Gotes Gesinneshaltung als „böse", also als unmoralisch eingestuft werden.

Wenn Dora ebenso vermeint, dass die Liebe Gotes zu den Hortensien, d.i. dass die Tatsache, gleichzeitig intrinsisch „gut" und „böse" sein zu können, in den bedrohlichen Irrglauben führe, „man könne das Gute und das Böse spielend leicht auseinanderhalten",[656] so referiert sie auf Hannah Arendts Überlegungen zur „Banalität des Bösen", ohne sie aber im Sinne Arendts zu interpretieren. Dora bietet als einfache Lösung dieses für sie zu komplexen Zusammenhanges die Ontologie des „Menschseins" als Mittel zur Überwindung aller Zweifel, Widersprüche und Fragestellungen: „Versuchter Totschlag, gefährliche Körperverletzung. Mit einem Mal spielt das keine Rolle mehr. Hier liegt ein Mensch [...].[657]

654 Ibidem: S. 93.
655 Ibidem: S. 194.
656 Ibidem.
657 Ibidem: S. 256.

Wie nun aufzuzeigen sein wird, steht diese plumpe, anspruchslose Vereinfachung im radikalen Widerspruch zu Arendts Verständnis von „gut“ und „böse“, das stark durch die Erfahrung des Prozesses Eichmann, den sie in *Eichmann in Jerusalem*[658] kritisch rapportiert, beeinflusst wurde.

Arendt fundiert ihre Reflexionen zu Moral und Ethik auf Sokrates' Postulat, dass es besser sei, ungerecht behandelt zu werden als selbst ein Unrecht zu begehen[659]. Letzteres verbindet sie mit Kants kategorischem Imperativ, den sie umformuliert, indem der Fokus nun nicht mehr auf der Absicht, sondern auf der Tat liegt: „Verfahre immer so, dass die Maxime deiner Aktion zu einem allgemein gültigen Gesetz erhoben werden kann, dem du selbst unterliegst“.[660]

Im Sinne von Sokrates verleugnet der Mensch seine „conditio humana“, wenn er akzeptiert mit einem Verbrecher (er selbst) zusammenzuleben, wohingegen sich die Aktion, nach Francis Moreault, auf verantwortungsbewusstes politisches Handeln bezieht. Individuelle und kollektivpolitische Verantwortlichkeit, Sokrates und Kant, ergänzen sich und vermögen gemeinsam gegen das Böse anzukämpfen.[661]

Nur der Wunsch nach Sokrates' Weisheit, Schönheit und Gerechtigkeit vermögen, nach Arendts Verständnis, den Menschen dazu anleiten, über Freiheit, Autorität, Demokratie usw. nachzudenken, hingegen das Hässliche, das Böse stellen sich dem menschlichen Denkprozess entgegen. Um zwischen gut und böse zu unterscheiden imstande zu sein, bedarf es jedoch nicht nur der Denkfähigkeit und dem Verstehen dessen, was passiert,[662] sondern auch der Fähigkeit zu urteilen.[663] Wie Markus Gabriel und Gert Scobel betonen, sind sorgsames Denken und verantwortungsvolles Handeln für Arendt die Voraussetzung, um möglichst „Böses“ durch

---

658 Arendt, H. (2011). *Eichmann in Jerusalem: Ein Bericht von der Banalität des Bösen*. München. Piper Verlag.

659 Arendt, H. (1996). *Considérations morales*. Paris. Payot & Rivage, S. 60.

660 Arendt, H. (1991). *Juger. Sur la philosophie politique de Kant*. Paris. Seuil, S. 32.

661 Moreault, F. (2002). „La question du mal : éthique et politique chez Hannah Arendt“, in: *Éthique publique*, vol. 4, n° 2 | 2002 (online), Punkt 12.

662 Rose, U. D. (2004). *Die Komplexität politischen Handelns: die Liberalismus-Kommunitarismus-Debatte im Lichte des Denkens von Hannah Arendt*. Waldkirch. Edition Gorz, S. 215.

663 Arendt, 1991: S. 160.

richtige Entscheidungen zu vermeiden.[664] Hier dürfte sie Kants Postulat folgen, nach dem es die Unterscheidungsfähigkeit ist, die den Verstand ausmacht und Verstand ist eben „das Vermögen, aufgrund von Unterscheidung richtig urteilen zu können".[665] Eichmanns Verweigerung zu denken und Unfähigkeit zu urteilen sind für Arendt Ursache seiner Unfähigkeit moralische Entscheidungen zu treffen und ethisch zu handeln. Und damit wirft Arendt, laut Seyla Benhabib, die Frage auf, ob „unsere Fähigkeit zum Urteilen, unser Vermögen, Richtiges von Falschem, Schönes von Hässlichem zu unterscheiden, von unserem Denkvermögen" abhängt und ob sie durch den „Mangel dessen, was wir (für) gewöhnlich Gewissen nennen",[666] beeinträchtigt werde. Das Gewissen sei die Harmonie der Seele mit sich selbst, als Ausdruck der Identität-in-Differenz, als Unterscheidung zwischen Denken und Bewusstsein, die in einem stummen, inneren Dialog interagieren.[667]

Zusammenfassend erfordert ethisches Handeln, nach Arendt, den Willen zur Anstrengung zu denken, im inneren Dialog mit sich selbst, um verantwortliche Entscheidungen treffen zu können. Im Gegensatz zu Kant steht hier die tatsächliche moralische oder unmoralische Handlung oder Nichthandlung als Folge eines angestrengten Denkprozesses im Mittelpunkt.

Zeh äußert sich in einem Interview mit Jo Schück vom 22. März 2021[668] dazu, dass sich nach ihrer Sicht Menschen aufgrund starrer Denkschemen nicht begegnen. Jedoch liegt der Kern des Problems ethischen Handelns nicht darin, Meinungshorizonte durch Informations- und Wissensabsorption zu erweitern und gegebenenfalls zu ändern. Es liegt nach Kant im Delta zwischen dem moralischen Gesetz und dem Denken/Handeln, es liegt nach Arendt im Ergebnis eines deterministischen Denkprozesses um dann eine Entscheidung, im Einklang mit dem eigenen Gewissen, zu treffen. Diesen schlüssigen

---

664 Gabriel, M. & Scobel, G. (2021). *Zwischen Gut und Böse: Die Philosophie der radikalen Mitte*. Hamburg. Edition Körber, S. 11.

665 Ibidem: S. 71.

666 Benhabib, S. (1987). „Urteilskraft und die moralischen Grundlagen der Politik im Werk Hannah Arendts", in: *Zeitschrift für philosophische Forschung*, Bd. 41, H. 4. Frankfurt am Main. Vittorio Klostermann, S. 522.

667 Ibidem: S. 522–523.

668 Zeh, J. (2021e). „Juli Zehs neuer Roman ‚Über Menschen' – Eine unmögliche Beziehung", in: *ZDF aspekte*, 22.03.2021.

Denkprozess als Ergebnis eines sorgfältigen inneren Dialoges mit sich selbst erfüllt Dora nicht. Sie kommt zu keiner klaren Entscheidung, weder zu ihrem Gewissen (Moralgesetz), noch zu ihren Handlungen. Sie ist unfähig, bezüglich der neonazistischen Ideologie, eine Entscheidung zu treffen, sie steht stets dazwischen, zwischen Ablehnung, Zweifel, Unbehagen und „menschelndem", um mit Dükers Wort zu sprechen, Selbstbetrug. Ihr Gewissen befürwortet Gotes Taten nicht, wenn sie bei der Suche nach Gotes Wahrheit feststellt: „Von Nazis angepöbelt und niedergestochen wegen ihrer politischen Haltung. Wegen ihres Glaubens an die Demokratie. Das ist Deutschland im 21. Jahrhundert".[669] Sie wird von unentschlossenem Unbehagen heimgesucht, als sie Gote und seine Freunde das Horst-Wessel-Lied schmettern hört: Sie „schlägt das Fenster zu [...]. Sie hat keinen Hunger mehr".[670] Sie versucht, dieses Unbehagen zu ignorieren, Tee zu kochen und Käsebrote zu essen. Im arendtschen Dialog mit ihrer inneren Stimme ist sich Dora ihrer feigen Haltung bewusst: „Zu bekämpfen ist nicht das Böse, sondern die eigene Feigheit. Halt die Klappe, sagt eine Stimme in Doras Kopf [...]. Sie will eine gute Staatsbürgerin sein und überlegt, was zu tun ist. Die Polizei rufen. [...] Besser doch ins Haus gehen, Käsebrote essen und sich um die eigenen Angelegenheiten kümmern".[671] Doras Unfähigkeit sorgfältig zu denken, um im Einklang mit dem Gewissen eine ethische Entscheidung zu treffen ist hier so manifest, dass sie keiner weiteren Erläuterung bedarf. Ebenso dürfte der unverantwortliche, unmoralische Charakter ihres Handelns ober besser, Nichthandelns, nach keinen näheren Ausführungen verlangen. Doras Verhalten ist im Sinne Arendts „böse", also unmoralisch, da sie dem unbequemen, kritischen Denkprozess die eigene Bequemlichkeit vorzieht und sich nicht determiniert gegen das Unmoralische stellt, in Gedanken wie in Akten. Gewiss kann ihr Verfahren, im Sinne von Arendt wie von Kant, nicht „zu einem allgemein gültigen Gesetz erhoben werden",[672] umso weniger als sie sich keineswegs darum bemüht, kritisch die Folgen dessen zu erfassen, was passiert, sowohl im Blick auf sich selbst als auf die anderen.

---

669 Zeh, 2021b: S. 234.
670 Ibidem: S. 175.
671 Ibidem: S. 177.
672 Arendt, 1991: S. 64.

Schlusswort

Die vorliegende Studie bietet, motiviert durch Michael Navratils Untersuchungen zur ‚Kontrafaktik, eine Analyse des kontrafaktischen Diskurses in *Über Menschen*, um einerseits aufzuzeigen, wie und welche Fakten in der fiktiven Diegese des Romans variiert werden und, andererseits, in welchem Zusammenhang sie zu den Geschehnissen der realen Welt stehen. Die aktuellen gesellschafts-politischen Themen – Klimakrise, Coronapolitik, Neonazis, Rassismus, rechtsradikale Politiker, Brexit, Homoehe und Frauen in der Armee – werden sprachlich vor dem Hintergrund eines idyllischen Landlebens voller Vogelzwitschern zeitangepasst und metaphorisch angeboten.

Die besondere Gegenwartsimmanenz und der stark politische Charakter des Werkes, in enger offensichtlicher Verflechtung mit Zehs persönlichen Credos, können sich nicht einem kritischen Blick, mit Rekurrenz auf ethisch-moralische Überlegungen, entziehen. Ein besonderes Anliegen der hiesigen Arbeit ist der Verweis auf die fragwürdige Darstellung von eskapistischen und wegsehenden Haltungen als Lösungsvorstellung, insbesondere bezüglich gesellschaftsbewegender Themen wie Klimawandel, Coronaepidemie und Rechtsradikalismus, die nicht nur ein kollektives, sondern ebenso ein individuelles Anliegen sein sollten. Um diesen weitreichenden und komplexen Zusammenhängen erfolgreich zu begegnen, muss jeder Bürger zu verantwortungsvollem, informiertem und partizipativem Handeln aufgerufen werden. Gerade das Gegenteil ist in *Über Menschen* der Fall.

Die Kritik richtet sich insbesondere gegen Juli Zehs These der möglichen „unmöglichen Beziehung“, der zufolge Menschen, selbst wenn sie politisch und moralisch ganz unterschiedlicher Meinung sind, privat miteinander umgehen können. Der private Raum sei vom öffentlichen Raum zu trennen, wobei diese Trennung die Möglichkeit gebe, mit allen Menschen sprechen zu können. Das unparteiische, unkritische Miteinander bewege, laut Zeh, mehr als der Versuch andere Menschen zu optimieren, ändern oder kritisieren zu wollen und erlaube das gegenseitige „Aushalten“, dort wo es keine Alternative gibt als jene des Rückzuges. So hätte Dora keine

dritte Option zwischen jener, Gote auszuhalten oder jener, aus Bracken wieder wegzuziehen[673] und akzeptiere deshalb das private Gespräch mit einem Nazi, den sie jedoch im öffentlichen Diskurs als politisch nicht vertretbar zurückzuweisen hätte.

Diese Grundeinstellung der möglichen Trennung zwischen politisch und unpolitisch, zwischen privat und öffentlich, lässt jegliche moralisch-ethische Wertung sträflich beiseite und scheint Gotes verwerflichen Handlungen in der Vergangenheit bis in die Gegenwart keine Relevanz beizumessen bzw. sie mit dem Wundermittel der Ontologie des „Menschseins" zu „sanieren". Das würde bedeuten, dass alle Untaten und Verbrechen, dass alle ethisch unvertretbaren Handlungen durch die Tatsache des „Menschseins", die uns immerhin allen gemeinsam ist, für null und nichtig erklärt und somit alle Menschen zu ehrenwerten Gesprächspartnern erhoben werden. Dies scheint Dora vorzuzeigen, denn: Sie hält Gote nicht nur aus, sondern sie nähert sich ihm gefühlsmäßig so nahe, dass sie nach seinem Tod Trauer und Leere empfindet: „Drüben fehlen Gote, Franzi und jetzt auch die Wölfe". […] Es ist eine verdammt traurige Angelegenheit".[674] Zwischen Miteinanderauskommen und der Entwicklung tieferer Gefühle der Zuneigung, ungeachtet moralischer Prinzipien und Bedenken, besteht eine Kluft, die das alleinige „Menschsein" nicht zu füllen vermag.

Zehs Huldigung des „Menschseins", das als ontologischer Zustand an sich keine Leistung ist, unter Abwinken jeglicher moralischen Wertungen, erscheint als gefährliche Enthebung des Menschen von der individuellen Verantwortung, ein würdiges, ethisch-moralisches Dasein zu führen.

Nach Heinz-Peter Preusser sei Juli Zeh eine sachliche Apokalyptikerin, die den Schrecken weitertrage. Nach dem „Ende der Welt" in *Adler und Engel*, den tödlichen oder fast tödlichen Ausgängen in *Schilf*, *Corpus Delicti* und *Nullzeit*, der Erpressung in *Spieltrieb*,[675] scheint Zeh nun in *Über Menschen* die Menschheit jeglicher moralischen Verantwortung zu entbinden: Das ist eine sehr gefährliche Botschaft an unsere Gesellschaft.

---

673 Vgl. Elstermann, 2022.

674 Zeh, 2021b: S. 405.

675 Vgl. dazu Preusser, H.-P. (2018). „Eine sachliche Apokalyptikerin Juli Zeh als zeitdiagnostische Autorin der Gegenwart", in: *Zeitschrift Für Germanistik*, *28*(3), S. 632.

6. Bibliografie

Adcox, S. (2016). „Haley talks of Trump, Confederate flag ahead of anniversary“, in: *Palmetto Politics*, 01.06.2016. https://www.postandcourier.com/politics/haley-talks-of-trump-confederate-flag-ahead-of-anniversary/article_07eaac6c-8b80-53f3-8214-6be8321efff5.html (aufgerufen am 03.04.2022).

AfD. (2016). „Alternative für Deutschland – Programm Kurzfassung der AfD“. https://www.afd.de/wp-content/uploads/sites/111/2021/02/2016-06-20_afd-kurzfassung_grundsatzprogramm_webversion_k.pdf (aufgerufen am 03.04.2022).

Aktuelles Europäisches Parlament (2019). „Europäisches Parlament ruft Klimanotstand aus“, 29.11.2019. https://www.europarl.europa.eu/news/de/press-room/20191121IPR67110/europaisches-parlament-ruft-klimanotstand-aus (aufgerufen am 22.09.2022).

Arendt, H. (1991). *Juger. Sur la philosophie politique de Kant*. Paris. Seuil.

Arendt, H. (1996). *Considérations morales*. Paris. Payot & Rivage.

Arendt, H. (2011). *Eichmann in Jerusalem: Ein Bericht von der Banalität des Bösen*. München. Piper Verlag.

Arnold, N. (2020). „Wissenschaftliche Politikberatung zur gesundheitlichen Bewältigung der Corona-Pandemie“. *Research Report der Konrad Adenauer Stiftung* (394), 01.06.2020. http://www.jstor.org/stable/resrep25302 (aufgerufen am 28.09.2022).

Assmann, P., & Brittnacher, H. (Eds.). (2004). *Andererseits: Die Phantastik: Imaginäre Welten in Kunst und Alltagskultur*. Weitra. Bibliothek d. Provinz.

Atwood, M. (2020). *Der Report der Magd Roman*. Piper München.

Augsburger Allgemeine. (2021). Interview: „Juli Zeh: ‚Wir-Gefühl? Ein demokratiefeindlicher Slogan‘“, 06.09.2021. https://www.augsburger-allgemeine.de/kultur/Interview-Juli-Zeh-Wir-Gefuehl-Ein-demokratiefeindlicher-Slogan-id60466256.html (aufgerufen am 04.10.2022).

Balzer, V. „Juli Zeh zur aktuellen Corona-Debatte: Frieden stiften durch Impfpflicht?“, in: *MDR KULTUR*, 10.01.2022. https://www.mdr.de/kultur/literatur/juli-zeh-corona-debatte-impfpflicht-100.html (aufgerufen am 04.10.2022).

BBC News. (2021). „'COP26: Greta Thunberg tells protest that COP26 has been a 'failure'", 05.11.2021. https://www.bbc.com/news/uk-scotland-glasgow-west-59165781(aufgerufen am 03.06.2022).

Begg, I. & Schütte, L. (2016). „Brexit: warum, was nun und wie?", in: *Integration 9*(3), S. 230–241.

Belafi, M. (2017). „Der Erfolg der FPÖ: Österreichs Parteien- und Regierungssystem unter Druck". *Zeitschrift Für Politik*, *64*(3), S. 364–383. Baden-Baden. Nomos Verlag.

Beloff, M. (1951). „Koexistenz – Analyse eines Schlagwortes", in: *Ost-Probleme*, *3*(31), S. 934–935.

Benhabib, S. (1987). „Urteilskraft und die moralischen Grundlagen der Politik im Werk Hannah Arendts", in: *Zeitschrift für philosophische Forschung*, Bd. 41, H. 4, S. 521–547. Frankfurt am Main. Vittorio Klostermann.

Bierling, S. (2020). *America First: Donald Trump im Weißen Haus*. München. C. H. Beck Verlag.

Biography. (2019). „Greta Thunberg", in: *A&E Television Networks*, 04.11.2019.

https://www.biography.com/activist/greta-thunberg (aufgerufen am 03.06.2022).

BM der Justiz. (n.d.). „Art. 16a GG – Einzelnorm". https://www.gesetze-im-internet.de/gg/art_16a.html (aufgerufen am 03.06.2022).

Bofrost. (2021). „Presse Daten & Fakten". https://www.bofrost.de/presse bereich/presse-daten-fakten.html (aufgerufen am 03.02.2022).

Börsenblatt. (2021). „‚Über Menschen' von Juli Zeh meistverkauftes Buch". https://www.boersenblatt.net/news/ueber-menschen-von-juli-zeh-meistverkauftes-buch-184703?ss360SearchTerm=juli%2 (aufgerufen am 03.06.2022).

Bpb. (2021). „Vor 10 Jahren: Aufdeckung des NSU". https://www.bpb.de/politik/hintergrund-aktuell/343019/aufdeckung-des-nsu (aufgerufen am 02.04.2022).

Braun, Michael. (3021). „Juli Zeh ‚Über Menschen' ist ein Corona-Roman ohne Trost und ohne Rezept", in: *Kölner Stadt-Anzeiger*, 23.03.2021. https://www.ksta.de/kultur/juli-zeh--ueber-menschen--ist-ein-corona-roman-ohne-trost-und-ohne-rezept-38210922?cb=1664900592999& (aufgerufen am 04.10.2022).

Buchfink, R. „Ein Coronaroman? Juli Zeh – Über Menschen“, in: *Denklatenz-Das Magazin*, 29.07.2021. https://denklatenz.de/artikel/kultur/uebermenschen.html.

Bundesgesetzblatt. (2000). „Gesetz zur Neuordnung seuchenrechtlicher Vorschriften“, BGBl. Teil I, 2000, Nr. 33, ausgegeben am 25. Juli 2000. http://www.bgbl.de/xaver/bgbl/start.xav?startbk=Bundesanzeiger_BGBl&jumpTo=bgbl100s1045.pdf.

Bundesgesetzblatt. (1994). „Gesetz zu dem Übereinkommen vom 15. Juni 1990 über die Bestimmung des zuständigen Staates für die Prüfung eines in einem Mitgliedstaat der Europäischen Gemeinschaften gestellten Asylantrags (Dubliner Übereinkommen)“, BGBl. Teil II 1994 Nr. 28 vom 06.07.1994.

Bundesgesetzblatt (2017). „Gesetz zur Einführung des Rechts auf Eheschließung für Personen gleichen Geschlechts“ BGBl. 2017 Teil I Nr. 52, S. 2787, ausgegeben am 28.07.2017. https://www.bgbl.de/xaver/bgbl/start.xav#__bgbl__%2F%2F*%5B%40attr_id%3D%27bgbl117s2787.pdf%27%5D__1663762358080 (aufgerufen am 03.06.2022).

Bundesgesetzblatt. (2020). „Gesetz zum Schutz der Bevölkerung bei einer epidemischen Lage von nationaler Tragweite“, BGBl. Teil I, Nr. 14, ausgegeben am 27. März 2020. http://www.bgbl.de/xaver/bgbl/start.xav?startbk=Bundesanzeiger_BGBl&jumpTo=bgbl120s0587.pdf (aufgerufen am 21.09.2022).

Bundesgesetzblatt (2021). „Gesetz zur Änderung des Infektionsschutzgesetzes und anderer Vorschriften“, BGBl. 2021, Teil I Nr. 79, 23.11.2021. https://www.bundesgesundheitsministerium.de/fileadmin/Dateien/3_Downloads/Gesetze_und_Verordnungen/GuV/I/IfSG-Aend_Bgbl_231121.pdf (aufgerufen am 21.09.2022).

Bundesministerium der Justiz. „Grundgesetz der Bundesrepublik Deutschland“, Art. 116, Abs. 1. https://www.gesetze-im-internet.de/gg/art_116.html (aufgerufen am 22.09.2022).

Bundesministerium des Innern und für Heimat (2022). „Vertriebene und Spätaussiedler“. https://www.aussiedlerbeauftragte.de/Webs/AUSB/DE/themen/vertriebene/vertriebene-node.html (aufgerufen am 22.09.2022).

Bundesministerium für Gesundheit. (2021a). „Bundesministerium für Gesundheit Verordnung zum Schutz vor einreisebedingten Infektionsgefahren in Bezug auf das Coronavirus SARS-CoV-2 (Coronavirus-Einreiseverordnung-CoronaEinreiseV)“. https://www.bundesanzeiger.

de/pub/publication/UyNX8RTxqfk5Ynq8avy/content/UyNX8RTxqfk5Ynq8avy/BAnz%20AT%2029.09.2021%20V1.pdf?inline (aufgerufen am 03.06.2022).

Bundesministerium für Gesundheit. (2021b). *„Das offizielle Dashboard zur Impfkampagne der Bundesrepublik Deutschland“*, in: *Impfdashboard.de*. https://impfdashboard.de/ (aufgerufen am 03.06.2022).

Bundesministerium für Gesundheit (2022). „Pandemievorsorge für Herbst und Winter“, 19.09.2022. https://www.bundesgesundheitsministerium.de/service/gesetze-und-verordnungen/ifsg/faq-ifsg.html (aufgerufen am 29.09.2022).

Bundeswehr.de (2022). „Frauen in der Bundeswehr: Europa machte es möglich“, 31. Juli 2022. https://www.bundeswehr.de/de/ueber-die-bundeswehr/selbstverstaendnis-bundeswehr/chancengerechtigkeit-bundeswehr/frauen-bundeswehr (aufgerufen am 21.09.2022).

Campus TV Tübingen. (2018). „Mediendozentur 2018 mit Juli Zeh“, in: *Campus TV SPEZIAL,* 12.07.2018. https://www.youtube.com/watch?v=-5djf2rZMD4 (aufgerufen am 03.06.2022).

Charité. (n.d.). „Christian Drosten“. https://virologie-ccm.charite.de/metas/person/person/address_detail/drosten/ (aufgerufen am 03.06.2022).

Chinca, M. (2003). „Mögliche Welten. Alternatives Erzählen und Fiktionalität im Tristanroman Gottfrieds von Straßburg“, in: *Poetica 35* (2003), S. 307–333.

Chynybaeva, B. (2022). „The aftermath of Kyrgyzstan's viral glacier collapse“, 10.08.2022. https://www.thethirdpole.net/en/climate/aftermath-of-kyrgyzstans-viral-glacier-collapse/ (aufgerufen am 22.09.2022).

CNN. (2018). „Teen tells climate negotiators they aren't mature enough“, 17.12.2018. https://edition.cnn.com/2018/12/16/world/greta-thunberg-cop24/index.html (aufgerufen am 03.06.2022).

Coronavirus Statistiques. (2022). „Coronavirus statistiques États-Unis“ in: *Coronavirus Statistiques*, 21.03.2022. https://www.coronavirus-statistiques.com/stats-pays/coronavirus-nombre-de-cas-etats-unis/ (aufgerufen am 03.06.2022).

Corona Warn-App. (nd). „Open-Source-Projekt Corona-Warn-App“. https://www.coronawarn.app/de/ (aufgerufen am 03.06.2022).

Creydt, M. (2018). „Björn Höckes gesammelte Drohungen“, in: http://www.meinhard-creydt.de (aufgerufen am 02.05.2022).

Danneberg, L. (2006). „Weder Tränen noch Logik. Über die Zugänglichkeit fiktionaler Welten“, in: *Heuristiken der Literaturwissenschaft. Disziplinexterne Perspektiven auf Literatur.* Hrsg. von Uta Klein/Katja Mellmann/Steffanie Metzger. Paderborn, S. 35–83.

Davenport, K. (2021). „The Joint Comprehensive Plan of Action (JCPOA) at a Glance | Arms Control Association“, in: *Arms Control Association,* 3/2022. https://www.armscontrol.org/factsheets/JCPOA-at-a-glance (aufgerufen am 03.06.2022).

Dejure. (2022). *VG Köln, 08.03.2022 – 13 K 326/21.* https://dejure.org/dienste/vernetzung/rechtsprechung?Gericht=VG%20K%F6ln&Datum=08.03.2022&Aktenzeichen=13%20K%20326%2F21 (aufgerufen am 03.03.2022).

Delbos, V. (1912). „Rousseau et Kant“. *Revue de Métaphysique et de Morale*, *20*(3), S. 429–439.

Denkler, T. (2021). „Der Tod von George Floyd in der Rekonstruktion“, 30.03.2021. https://www.sueddeutsche.de/politik/george-floyd-tod-polizeigewalt-videos-rekonstruktion-1.4928047 (aufgerufen am 03.06.2022).

Der Bundeswahlleiter. (2021a). *„Ergebnisse“*. https://www.bundeswahlleiter.de/bundestagswahlen/2021/ergebnisse.html (aufgerufen am 03.06.2022).

Der Bundeswahlleiter. (2021b). „Ergebnisse Brandenburg“ https://www.bundeswahlleiter.de/bundestagswahlen/2021/ergebnisse/bund-99/land-12.html (aufgerufen am 03.06.2022).

Der Standard. (2021). „Warum es in Schweden bisher keine vierte Corona-Welle gibt“, 03.12.2021. https://www.derstandard.at/story/2000131584533/warum-es-in-schweden-bisher-keine-vierte-corona-welle-gibt (aufgerufen am 13.04.2022).

DESTATIS (2022). „Zahl der Woche vom 5. Juli 2022“. 5. Juli 2022. https://www.destatis.de/DE/Presse/Pressemitteilungen/Zahl-der-Woche/2022/PD22_27_p002.html (aufgerufen am 21.09.2022).

Deutsches Ärzteblatt. (2022). „Schwedische Regierungschefin positiv auf Corona getestet“, 17.01.2022. https://www.aerzteblatt.de/treffer?mode=s&wo=1041&typ=1&nid=130943&s=Corona&s=Schweden (aufgerufen am 13.04.2022).

Deutscher Bundestag. (1949). „Grundgesetz für die Bundesrepublik Deutschland“. https://www.bundestag.de/gg (aufgerufen am 15.04.2022).

Deutscher Bundestag. (2013). „Deutscher Bundestag Unterrichtung durch die Bundesregierung Bericht zur Risikoanalyse im Bevölkerungsschutz 2012“. S. 58–59. https://dserver.bundestag.de/btd/17/120/1712051.pdf (aufgerufen am 15.04.2022).

Deutscher Bundestag (2017). „Mehrheit im Bundestag für die ‚Ehe für alle‘“, in: *Textarchiv* 2017. https://www.bundestag.de/dokumente/textarchiv/2017/kw26-de-ehe-fuer-alle-513682 (aufgerufen am 18.01.2022).

Deutscher Bundestag. (2021a). „Deutscher Bundestag Antrag der Fraktionen der CDU/CSU und SPD-Feststellung des Fortbestehens der epidemischen Lage von nationaler Tragweite“, 11.06.2021. https://www.bundestag.de/dokumente/textarchiv/2021/kw23-de-epidemische-lage-845692 (aufgerufen am 15.04.2022).

Deutscher Bundestag. (2021b). „Stenografischer Bericht 238. Sitzung“. S. 30993 ff., 25.08.2021. https://dserver.bundestag.de/btp/19/19238.pdf#P.30994 (aufgerufen am 18.01.2022).

Deutsches Zentrum für Luft-und Raumfahrt (2022). „Weltklimabericht – Klimawandel verstärkt Wetter- und Klimaextreme“, 09.08.2021. https://www.dlr.de/content/de/artikel/news/2021/03/20210809_weltklimabericht-klimawandel-verstaerkt-wetter-und-klimaextreme.html (aufgerufen am 22.09.2022).

Deutschlandfunk. (2020). „US-Präsident infiziert – Trump, Corona und der Wahlkampf“, 02.10.2020. https://www.deutschlandfunk.de/us-praesident-infiziert-trump-corona-und-der-wahlkampf-100.html (aufgerufen am 18.01.2022).

Drotbohm, H., & Reichardt, S. (2020). „Die Grenzen der Solidarität: Regierungstechniken in Zeiten von Corona“, in: *Geschichte Und Gesellschaft*, *46*(3), S. 404–415.

Düker, R. (2022). „‚Über Menschen‘ Hart, aber herzlich“, in *ZEIT ONLINE*, 13.04.2022. https://www.zeit.de/2021/15/ueber-menschen-juli-zeh-corona-lockdown-dorf-gemeinschaft-literatur?utm_referrer=https%3A%2F%2Fwww.google.com%2F.

E-ESA. „Alexander Gerst“. https://www.esa.int/Science_Exploration/Human_and_Robotic_Exploration/Astronauts/Alexander_Gerst (aufgerufen am 18.03.2022).

Eichengreen, B. (2017). „Die Entwicklung des Populismus in den Vereinigten Staaten“, in: *Leviathan*, *45*(2), S. 180–191.

Eilenstein, H. (2017). *Der Donnergott Thor: Die Götter der Germanen-Band 17*. Norderstedt. Norderstedt. Books on Demand.

El-Gawhary, K. (2020). „Der Anschlag auf Qassem Soleimani und seine Folgen: Eine neue Eskalation im amerikanisch-iranischen Konflikt, *in: Qantara.de*, 03.01.2020. https://de.qantara.de/node/38590 (aufgerufen am 18.03.2022).

Eligendo (2022). „Elezione della Camera dei deputati del 25.09.2022 – Riparto provvisorio dei seggi aggiornato al 28.09.2022", in: *Politiche 25 settembre 2022,* 28.09.2022. https://dait.interno.gov.it/documenti/Camera_riparto_italia_20220925.pdf (aufgerufen am 30.09.2022).

Elstermann, K. (2022). „Juli Zeh, Über Menschen und Literatur, Gespräch mit Knut Elstermann", in: *Brandenburgisches Literaturbüro*, 26.07.2022. https://www.youtube.com/watch?v=6KhXaMwG7mU (aufgerufen am 27.09.2022).

Ernst, J., & O'Brian, B. (2020). „Trump droht mit Einsatz des Militärs gegen Demonstranten". Reuters, 02.06.2020. https://www.reuters.com/article/usa-proteste-idDEKBN2390WZ (aufgerufen am 18.03.2022).

Europäischer Gerichtshof 2000). Urteil vom 11. Januar 2000. – Tanja Kreil gegen die Bundesrepublik Deutschland – Rechtssache C-285/98. https://eur-lex.europa.eu/legal-content/DE/TXT/HTML/?uri=CELEX:61998CJ0285&from=EN (aufgerufen am 25.09.2022).

Film-Lexikon. (n.d.). „Roland Emmerich". https://www.film-lexikon.de/Roland_Emmerich (aufgerufen am 18.03.2022).

FOCUS online (2022). „Replik auf ‚Waffenstillstand jetzt!' Schwere Waffen jetzt", 19.07.2022. https://www.focus.de/politik/ausland/ukraine-krise/96-osteuropa-experten-weltweit-fordern-schwere-waffen-jetzt_id_119428660.html (aufgerufen am 22.09.2022).

Fritsch, A. (2021). „Juli Zeh: Der neue Roman ‚Über Menschen'", in: *Münchner Feuilleton: Kultur, Kritik, Kontroversen*, 17.05.2021. https://www.muenchner-feuilleton.de/2021/05/17/juli-zeh-der-neue-roman-ueber-menschen/ (aufgerufen am 04.10.2022).

Funke, H. (2019. „Höcke will den Bürgerkrieg", in *Die Zeit*, 24.10.2019. https://www.zeit.de/politik/deutschland/2019-10/rechtsextremismus-bjoern-hoecke-afd-fluegel-rechte-gewalt-faschismus?utm_referrer=https%3A%2F%2Fwww.google.com%2F (aufgerufen am 18.03.2022).

Gabriel, M. & Scobel, G. (2021). *Zwischen Gut und Böse: Die Philosophie der radikalen Mitte*. Hamburg. Edition Körber.

Galbraith, J. (2018). „President Trump Withdraws the United States from the Iran Deal and Announces the Reimposition of Sanctions", in: *The American Journal of International Law*, *112*(3), S. 514–522.

Gesetz über die Rechtsstellung der Soldaten (Soldatengesetz – SG), 2005. https://www.gesetze-im-internet.de/sg/BJNR001140956.html.

Gnauck, G. (2018). „Der uncharismatische Charismatiker: Jarosław Kaczyński und das Geheimnis der Macht", in: *Osteuropa – Unterm Messer: Der illiberale Staat in Ungarn und Polen*, *68*(3/5), S. 170–185. Berliner Wissenschafts-Verlag.

Graw, A. (2020). *Trump verrückt(e) die Welt: Was nun?* München. Langen-Müller Verlag (Kapitel 1 – Amerika und die Pandemie). https://books.google.fr/books?id=fFAFEAAAQBAJ&printsec=frontcover&hl=fr&source=gbs_ge_summary_r&cad=0#v=onepage&q&f=false.

Great Britain. Treasury. (2016). „HM Treasury analysis: the long-term economic impact of EU membership and the alternatives", in: *Hm Treasury*. Doc.Cm 9250, London.

Greenberg, J. & Sherman, A. (2021). „Timeline: How Donald Trump responded to the coronavirus pandemic", in: *POLITFACT*, 20.03.2020. https://www.politifact.com/article/2020/mar/20/how-donald-trump-responded-coronavirus-pandemic/ (aufgerufen am 25.08.2022).

Handelsblatt. (2020). „Corona-Therapie: Donald Trump will Forscher prüfen lassen, Menschen Desinfektionsmittel zu spritzen", 24.04.2020. https://www.handelsblatt.com/politik/international/corona-therapie-donald-trump-will-forscher-pruefen-lassen-menschen-desinfektionsmittel-zu-spritzen/25769752.html (aufgerufen am 21.02.2022).

Hasselbach, Ch. (2020). „Flüchtlingspolitik: Fünf Jahren ach ‚Wir schaffen das!'",in *DW*, 25.08.2020. https://www.dw.com/de/f%C3%BCnf-jahre-fl%C3%BCchtlingskrise-merkel-wir-schaffen-das/a-54649579 (aufgerufen am 22.09.2022).

Hautkapp D. (2020). „Amoklauf in Kanada – Streit mit Freundin womöglich Auslöser", in: Berliner Morgenpost, 24.04.2020. https://www.morgenpost.de/vermischtes/article228940871/Blutbad-in-Kanada-Mindestens-17-Tote-in-Nova-Scotia.html (aufgerufen am 22.09.2022).

Heine, M. (2016). *Seit wann hat geil nichts mehr mit Sex zu tun? 100 deutsche Wörter und ihre erstaunlichen Karrieren.* Hamburg. Hoffmann und Campe Verlag.

Herman, B. (1981). „On the Value of Acting from the Motive of Duty", in: *The Philosophical Review*, *90*(3), S. 359–382.

History. (2021). „Charleston church shooting", 15.06.2021. A&E Television Networks. *https://www.history.com/this-day-in-history/charleston-ame-church-shooting* (aufgerufen am 08.07.2022).

Hlade B. (2014). *Der Begriff des Gewissens bei Rousseau.* Diplomarbeit. Karl-Franzens-Universität Graz.

Höbel, W. (2020). „Ich möchte mit von Frau Merkel nicht sagen lassen, dass ich mir die Hände waschen muss", in *SPIEGEL Kultur*, 28.04.2020. https://www.spiegel.de/kultur/frank-castorf-ueber-angela-merkel-und-corona-moechte-mir-nicht-sagen-lassen-dass-ich-mir-die-haende-wa schen-muss-a-5ff19227-383c-4168-a1da-6aef96950855 (aufgerufen am 22.09.2022).

Höcke, B., & Hennig, S. (2018). *Nie zweimal in denselben Fluss: Björn Höcke im Gespräch mit Sebastian Hennig.* Lüdinghausen. Manuscriptum Verlag.

Horkheimer, M., & Adorno, T. W. (2014). *Gesammelte Schriften Band 5: Dialektik der Aufklärung und Schriften 1940–1950.* Fischer Verlag.

Hübner, F. (2020). „Corona-Zeiten: Keine Quarantäne für die Demokratie" *in: Moz.de, 07.04.2020.* https://www.moz.de/lokales/rathenow/corona-zeiten-keine-quarantaene-fuer-die-demokratie-49395144.html (aufgerufen am 21.05.2022).

IfSG (2020). „Infektionsschutzgesetz". http://www.gesetze-im-internet.de/ifsg/index.html (aufgerufen am 21.02.2022).

IPCC (2022). „Climate Change. Mitigation of Climate Change", IPCC AR6 WG III. https://www.ipcc.ch/report/ar6/wg3/downloads/report/IPCC_AR6_WGIII_Full_Report.pdf (aufgerufen am 22.09.2022).

Jaiser, I. (2021). „Neue Challenge, neuer Chill: Roman|Juli Zeh: Über Menschen", in: *Titel Kulturmagazin*, 04.04.2021. https://titel-kultur magazin.net/2021/04/04/roman-juli-zeh-ueber-menschen/ (aufgerufen am 04.10.2022).

Jallot, C. (2016). „Nigel Farage", in: *Outre-Terre* 2016/4(49), S. 256–260.

Justiz online. (2022). „Verwaltungsgericht Köln: Verfassungsschutz darf AfD als Verdachtsfall einstufen“, 08.03.2022. https://www.vg-koeln.nrw.de/behoerde/presse/Pressemitteilungen/06_08032022/index.php (aufgerufen am 21.06.2022).

Kant, I. (2015). *Die Drei Kritiken – Kritik der reinen Vernunft. Kritik der praktischen Vernunft. Kritik der Urteilskraft.* Köln. Anaconda Verlag.

Karolewski Ireneusz P. & Benedikter R. (2018). „Europe's refugee and migrant crisis: Political responses to asymmetrical pressures“, in: *Politique européenne* Nr. 60, S. 98–133.

Kasirye, V. (2020). „Motherly Crisis Management“ in *ARISE 69*, 29.12.2020. Konrad Adenauer Stiftung. https://www.kas.de/documents/280229/4616563/Motherly+Crisis+Management.pdf/e894594d-55ff-f0b6-4ee1-bea7caf0a827?version=1.0&t=1613420137239 (aufgerufen am 27.09.2022).

Kessler, G., Rizzo, S., & Kelly, M. (2021). „Analysis | Trump's false or misleading claims total 30,573 over 4 years“, in *Washington Post*, 24.01.2024. https://www.washingtonpost.com/politics/2021/01/24/trumps-false-or-misleading-claims-total-30573-over-four-years/ (aufgerufen am 21.05.2022).

Kitzler, J.-Ch. (2017). „Die Lega Nord in Italien“. Bpb, 18.01.2017. https://www.bpb.de/themen/parteien/rechtspopulismus/241034/die-lega-nord-in-italien/ (aufgerufen am 30.09.2022).

Klausnitzer, R. (2020). „Literatur – Was läuft hier schief?“, in: *der Freitag*, Ausgabe 20/2020. https://www.freitag.de/autoren/der-freitag/was-laeuft-hier-schief (aufgerufen am 15.08.2022).

Kleinschmidt, J. (2013). „Die Aufnahme der ersten ‚boat people' in die Bundesrepublik“, in: Bundeszentrale für politische Bildung (bpb), 26.11.2013. https://www.bpb.de/themen/deutschlandarchiv/170611/die-aufnahme-der-ersten-boat-people-in-die-bundesrepublik/ (aufgerufen am 21.09.2022).

Köppe, T. (2014). „Die Institution Fiktionalität“ in Klauk, T. (Hsg.): *Fiktionalität. Ein interdisziplinäres Handbuch.* Berlin/Boston. De Gruyter 2014. S. 35–49.

Künne W. (1983). *Abstrakte Gegenstände: Semantik und Ontologie.* Frankfurt am Main. Suhrkamp Verlag.

Kurier (2022). „Eisplatte Löste sich in den Dolomiten: Mindestens sechs Tote“, 03.07.2022. https://kurier.at/chronik/welt/eisplatte-loeste-sich-in-den-dolomiten-mehrere-verletzte/402061678 (aufgerufen am 22.09.2022).

Laubach, E. (1974). „Maltzans Aufzeichnungen über die letzten Vorgänge vor dem Abschluß des Rapallo-Vertrages: Bemerkungen zu ihrer Text- und Überlieferungsgeschichte, in: *Jahrbücher Für Geschichte Osteuropas*, *22*(4), S. 556–579.

Lenk, H. (1987). „Gewissen und Verantwortung als Zuschreibungen“, in: *Zeitschrift Für Philosophische Forschung*, *41*(4), 571–591.

Le Point (2018). „Le Front National change officiellement de nom“, AFP, 02.06.2018. https://www.lepoint.fr/politique/le-front-national-change-officiellement-de-nom-01-06-2018-2223460_20.php (aufgerufen am 30.09.2022).

Lichtenhagen im Gedächtnis. (2022). „Lichtenhagen im Gedächtnis – Dokumentationszentrum // Soziale Bildung“. https://lichtenhagen-1992.de/ (aufgerufen am 14.08.2022).

Lpb. (2021). „Arbeitslosengeld II – Hartz IV: Ein Überblick“. https://www.lpb-bw.de/hartz-iv (aufgerufen am 11.08.2022).

lpb. (2022). „Der Brexit und seine Folgen – Aktueller Stand 2022 – Austritt Großbritanniens aus der EU – Aktuelle Lage Brexit Einigung: Das neue Handels- und Partnerschaftsabkommen“. https://www.lpb-bw.de/brexit#c66079 (aufgerufen am 31.07.2022).

Magenau, J. (2021a). „Juli Zeh: ‚Über Menschen‘-Der erste echte Corona-Roman“ in: *Deutschlandfunk Kultur*, 20.03.2021. https://www.deutschlandfunkkultur.de/juli-zeh-ueber-menschen-der-erste-echtcorona-roman-100.html (aufgerufen am 08.08.2022).

Magenau, J. (2021b). „‚Über Menschen‘ von Juli Zeh: Mein Freund, der Nazi“, in: *Süddeutsche Zeitung*, 23.03.2021. https://www.sueddeutsche.de/kultur/juli-zeh-ueber-menschen-rezension-1.5241933 (aufgerufen am 08.08.2022).

Mann, T. (2013). *Der Zauberberg: Roman*. Frankfurt am Main. Fischer Taschenbuch Verlag.

Marhold, H. (2017). „Vom Brexit-Votum zum Bratislava-Prozess – die EU-27 sucht nach Reformansätzen“, in: *Integration*, *40*(1), S. 31–32.

Marinič, J. (2022). „Man träumt von einem Putin, den es nicht gibt“, in: *Deutschlandfunk Kultur*, 30.06.2022. https://www.deutschlandfunkkultur.de/offener-brief-marinic-100.html (aufgerufen am 22.09.2022).

Marquart, O., & Landes, L. (2020). „Toxische Mischung“: Experten erklären, wie Trump die Eskalation in den USA anheizt“, in: *watson*, 02.06.2020. https://politik.watson.de/international/analyse/661165176-us-proteste-wegen-george-floyd-experten-erklaeren-welche-rolle-trump-spielt (aufgerufen am 01.08.2022).

Martin-Luther-King-Zentrum. (n.d.). „Lebenslauf“. http://www.martin-luther-king-zentrum.de/mlkz/lebenslauf (aufgerufen am 08.08.2022).

Martínez, M. & Scheffel, M. (2012): *Einführung in die Erzähltheorie*. 9. Auflage. München. Beck Verlag.

Max-Planck-Institut für Meteorologie (2021). „Neuer IPCC-Sachstandbericht: Klimawandel breitet sich schnell aus und verstärkt sich“, 09.08.2021. https://mpimet.mpg.de/kommunikation/aktuelles/single-news/neuer-ipcc-sachstandsbericht-klimawandel-breitet-sich-schnell-aus-und-verstaerkt-sich (aufgerufen am 22.09.2022).

MAZ Online (2020). „Juli Zeh über die Corona-Krise: „Im Grunde schüchtert man die Bevölkerung ein“, in: *MAZ – Märkische Allgemeine*, 05.04.2020. https://www.maz-online.de/Brandenburg/Juli-Zeh-zur-Corona-Krise-Im-Grund-schuechtert-man-die-Bevoelkerung-ein (aufgerufen am 08.08.2022).

MDR. (2021). „Thüringer Justizausschuss hebt Immunität von AfD-Fraktionschef Björn Höcke auf“, in: *MDR THÜRINGEN*, 24.11.2021. https://www.mdr.de/nachrichten/thueringen/hoecke-immunitat-aufhebung-ausschuss-strafanzeige-100.html (aufgerufen am 08.08.2022).

Ministero dell’Interno (2022). „Matteo Salvini“. https://www.interno.gov.it/it/viminale/ministri-dal-1861/matteo-salvini (aufgerufen am 30.09.2022).

Ministère de l’Intérieur et des Outre-Mer (2017). „Résultats de l’élection présidentielle 2022“, 24.04.2022. https://www.interieur.gouv.fr/Elections/Les-resultats/Presidentielles/elecresult__presidentielle-2017/(path)/presidentielle-2017/FE.html.

Ministère de l’Intérieur et des Outre-Mer (2022a). „Résultats de l’élection présidentielle 2017“, 07.05.2017. https://www.interieur.gouv.fr/Elections/Les-resultats/Presidentielles/elecresult__presidentielle-2022/(path)/presidentielle-2022/FE.html (aufgerufen am 30.09.2022).

Ministère de l'Intérieur et des Outre-Mer (2022b). „Résultats des élections législatives 2022", 19.06.2022. https://www.interieur.gouv.fr/Elections/Les-resultats/Legislatives/elecresult__legislatives-2022/(path)/legislati ves-2022/FE.html (aufgerufen am 30.09.2022).

Moreault, F. (2002). „La question du mal : éthique et politique chez Hannah Arendt", in: *Éthique publique*, vol. 4, n° 2|2002 (online). https://journals.openedition.org/ethiquepublique/2217#tocto1n3 (aufgerufen am 02.10.2022).

Motter, M. (2021). „Bis es einen niederbrackt: Juli Zehs Roman ‚Über Menschen'", in: *OKFM4*, 22.03.2021. https://fm4.orf.at/stories/3013065/ (aufgerufen am 04.10.2022).

Nacos, B. L., Shapiro, R. Y., & Bloch-Elkon, Y. (2020). „Donald Trump: Aggressive Rhetoric and Political Violence", in: *Perspectives on Terrorism*, *14*(5), S. 2–25.

Navratil, M. (2021). *Kontrafaktik der Gegenwart*. Berlin. De Gruyter.

Neue Osnabrücker Zeitung. (2021). „Juli Zeh: ‚Wir müssen die Freiheit schützen, in Fragen der Pandemie in der Minderheit zu sein", 11.08.2021. https://www.presseportal.de/pm/58964/4991134 (aufgerufen am 04.10.2022).

North, D. (2020). *30 Jahre Krieg Amerikas Griff nach der Weltherrschaft 1990–2020*. Essen. Mehring Verlag.

NPR. (2019). „Transcript: Greta Thunberg's Speech At The U.N. Climate Action Summit", 23.09.2019. https://www.npr.org/2019/09/23/763452863/transcript-greta-thunbergs-speech-at-the-u-n-climate-action-sum mit?t=1643630875291 (aufgerufen am 15.07.2022).

NPR. (2007). „Power, Prescience of King's 'Mountaintop' Speech", in: *Weekend Edition Sunday*, 14.01.2007. https://www.npr.org/templa tes/story/story.php?storyId=6854154 (aufgerufen am 20.07.2022).

NPR. (2022). „'I Have A Dream' Speech, In Its Entirety", in: *Talk oft he Nation*, 14.01.2022. https://www.npr.org/2010/01/18/122701268/i-have-a-dream-speech-in-its-entirety (aufgerufen am 08.07.2022).

NTV (2022). „Politologe zu Mobilmachung: Putins ‚Spezialoperation' ist gescheitert", 21.09.2021. https://www.youtube.com/watch?v=c8PxM 1rb-E0 (aufgerufen am 22.09.2021).

Öger, Y. (2011). „50 Jahre Migration aus der Türkei", in: *Interkultur*, Ausgabe 12, Juli–August 2011. Regensburg. ConBrio Verlag, S. 1. https://

www.kulturrat.de/wp-content/uploads/2016/07/interkultur-12.pdf (aufgerufen am 22.09.2022).

Paz, C. (2020). „All the President's Lies About the Coronavirus", in: *The Atlantic,* 02.11.2020. https://www.theatlantic.com/politics/archive/2020/11/trumps-lies-about-coronavirus/608647/ (aufgerufen am 01.07.2022).

Penguin Random House. (2021). „Juli Zeh – Über Menschen". https://specials.penguinrandomhouse.de/microsites/julizeh7/author.php (aufgerufen am 12.09.2022).

Physikalische Soiree. (n.d.). „Warum wird die Unordnung im Weltall immer größer?" https://www.phyx.at/unordnungweltall/ (aufgerufen am 08.01.2022).

Polito, A. (2021). „Draghi, la svolta di Matteo Salvini (ispirata da Giorgetti) che spiazza un po' tutti", in: Corriere della Sera, 07.02.2021. https://www.corriere.it/politica/21_febbraio_07/draghi-svolta-matteo-salvini-ispirata-giorgetti-che-spiazza-po-tutti-2e37ea16-68bc-11eb-b71b-3d645f3e4ec3_print.html (aufgerufen am 39.09.2022).

Prenzel, T. (2017). „Rostock-Lichtenhagen". https://www.bpb.de/politik/hintergrund-aktuell/254347/rostock-lichtenhagen (aufgerufen am 08.02.2022).

Preusser, H.-P. (2018). „Eine sachliche Apokalyptikerin Juli Zeh als zeitdiagnostische Autorin der Gegenwart", in: *Zeitschrift Für Germanistik*, *28*(3), S. 630–634.

Prutsch, U. (2019). „Ein neuer Rechtspopulismus in den USA: Das Tea Party Movement und Donald Trump", in: *Vierteljahrshefte für Zeitgeschichte*, *67*(3), S. 454–463.

Prutsch, U. (2020). „The Populist Twins: Donald Trump and Jair Bolsonaro", in: *Four Years After: Ethnonationalism, Antisemitism, and Racism in Trump's America.* Heidelberg. Universitätsverlag Winter.

Quantara.de. (2019). „Sturm auf US-Botschaft im Irak: Trump macht Iran verantwortlich", 31.12.2019. https://de.qantara.de/content/sturm-auf-us-botschaft-im-irak-trump-macht-iran-verantwortlich (aufgerufen am 10.08.2022).

Quarks. (2022). „Wie sinnvoll ist der schwedische Corona-Sonderweg?", 09.03.2022. https://www.quarks.de/gesundheit/medizin/wie-sinnvoll-ist-der-schwedische-corona-sonderweg/ (aufgerufen am 09.03.2022).

Rassemblement National (2022). „22 MESURES POUR 2022“. https://rassemblementnational.fr/22-mesures (aufgerufen am 30.09.2022).

Reinhäckel, H. (2012). *Traumatische Texturen: Der 11. September in der deutschen Gegenwartsliteratur*. Bielefeld. transcript Verlag.

Renno, B. (2021). „Das Saarbrücker Gespräch mit Juli Zeh“. *SR Mediathek,* 12.11.2021. https://www.sr-mediathek.de/index.php?seite=7&id=23102&pnr=&tbl=pf (aufgerufen am 22.09.2022).

RKI. (2018). „Robert Koch – Robert Koch: Der Mitbegründer der Mikrobiologie“. https://www.rki.de/DE/Content/Institut/Geschichte/Robert_Koch.html (aufgerufen am 09.01.2022).

RKI. (2019). „Profile“, 16.09.2019. https://www.rki.de/EN/Content/Institute/Profile/profile_node_en.html (aufgerufen am 09.01.2022).

RKI (2021). „Coronavirus SARS-CoV-2 – SARS-CoV-2 Steckbrief zur Coronavirus-Krankheit-2019 (COVID-19)“. https://www.rki.de/DE/Content/InfAZ/N/Neuartiges_Coronavirus/Steckbrief.html (aufgerufen am 09.01.2022).

RKI (n.d.). „CovPass-App: Digitale COVID-Zertifikate der EU einfach nachweisen“. https://www.digitaler-impfnachweis-app.de (aufgerufen am 10.01.2022).

Röhrich, R. & al (2019). „IS reklamiert Terroranschlag für sich – Trump wendet sich an Johnson“, in: *Frankfurter Rundschau,* 01.12.2019. https://www.fr.de/politik/london-bridge-is-reklamiert-toedliche-messer attacke-sich-zr-13258767.html (aufgerufen am 22.09.2022).

Rose, U. D. (2004). *Die Komplexität politischen Handelns: die Liberalismus-Kommunitarismus-Debatte im Lichte des Denkens von Hannah Arendt.* Waldkirch. Edition Gorz.

Rostek S. (2022) „Donald Trump: Selbstbezogener Dealmaker in der Krise“, in: Ohnesorge H.W., Gu X. (eds). *Weltpolitische Gestaltung in Zeiten von COVID-19. Persönlichkeit und weltpolitische Gestaltung.* Wiesbaden. Springer VS, S. 36.

Rousseau, J. J. (2004). *Emile oder über die Erziehung.* Stuttgart. utb Verlag.

Rousseau J. J. (2015). *Emile oder über die Erziehung.* Hamburg. Books on Demand.

Sala, G. B. (1990). „Das Gesetz oder das Gute? Zum Ursprung und Sinn des Formalismus in der Ethik Kants“, in: *Gregorianum*, *71*(1), S. 67–95. GBPress-Gregorian Biblical Press.

Schäfer, M. (2021). „‚Über Menschen‘ von Juli Zeh: Der freundliche Nazi von nebenan? Blog: https://www.max-schaefer.net/ueber-menschen-juli-zeh-roman-freundliche-nazi-nebenan-provinz-rezension-kritik/ (aufgerufen am 29.09.2022).

Schmelzing, F. (2020). „Corona und das Grundgesetz“, in: *Freilaw* 2/2020, S. 76–78. https://freilaw.de/wordpress/wp-content/uploads/2020/10/7_Schmelzing_Corona.pdf (aufgerufen am 09.01.2022).

Schönecker, D. (2010). „Kant über Menschenliebe als moralische Gemütsanlage“, *92*(2), S. 133–175. Berlin. De Gruyter.

Schulze, C. (2017). *Etikettenschwindel: Die autonomen Nationalisten zwischenPop und Antimoderne.* Marburg. Tectum Wissenschaftsverlag.

Schührer S. (2018). „Türkeistämmige Personen in Deutschland“, Working Paper 81. Bundesamt für Migration und Flüchtlinge. https://www.bamf.de/SharedDocs/Anlagen/DE/Forschung/WorkingPapers/wp81-tuerkeistaemmige-in-deutschland.pdf?__blob=publicationFile&v=12 (aufgerufen am 22.09.2022).

Schütz, E. (1996). „Moralische Erziehung bei Rousseau (Emile, 4. Buch)“. Vorlesung SS 1996. Philosophische Fakultät. Universität zu Köln. https://www.erziehungswissenschaften.hu-berlin.de/de/allgemeine/egon-schuetz-archiv/verzeichnis-der-unveroeffentlichten-schriften/50.

Schweizer, M. (2010). „Missbrauch nordischer Mythologie und Symbolik durch RechtsextremistInnen“, in: *ÖGPP*, 03/2010. http://www.politikberatung.or.at/fileadmin/_migrated/media/Der-Missbrauch-nordischer-Mythologie-und-Symbolik-durch-RechtsextremistInnen.pdf (aufgerufen am 05.01.2022).

Schweppenhäuser, G. (2021). „Hinter Gedanken: Philosophische Motive in Juli Zehs Halbbildungsroman *Über Menschen*“ in: *DAS ARGUMENT 337/2021*, S. 257–266.

Seidl, C. (2022). „Vor Bundespräsidentenwahl: Optimismus in Österreich auf bisherigel Tiefststand“ in: *DER STANDARD*, 30.09.2022. https://www.derstandard.at/story/2000139522832/vor-bundespraesidentenwahl-optimismus-in-oesterreich-auf-bisherigem-tiefststand (aufgerufen am 30.09.2022).

Sibum, H. (2020). Interview: „Raus aus der Filterblase. Die Schriftstellerin Juli Zeh lebt in einem Dorf in Brandenburg, fernab vom Berliner Kulturbetrieb. Das ist auch gut so, sagt sie“, 08.01.2020. https://www.deutschland.de/de/juli-zeh-ueber-das-leben-auf-dem-dorf-raus-aus-der-filterblase#:~:text=Die%20Schriftstellerin%20Juli%20Zeh%20lebt,auch%20gut%20so%2C%20sagt%20sie (aufgerufen am 04.10.2022).

Soldatenlaufbahnverordnung vom 28. Mai 2021 (BGBl. I S. 1228, 5240). https://www.gesetze-im-internet.de/slv_2021/BJNR122810021.html (aufgerufen am 15.09.2022).

SPD (2019). „Neue Spitze für die neue Zeit“, 06.12.2019. https://www.spd.de/aktuelles/detail/news/neue-spitze-fuer-die-neue-zeit/06/12/2019/ (aufgerufen am 22.09.2022).

Spiegel Ausland. (2021). „Memoiren von Stabschef Meadows: Donald Trump soll vor TV-Debatte gegen Joe Biden positiv auf Corona getestet worden sein“, 01.12.2021. https://www.spiegel.de/ausland/donald-trump-soll-vor-tv-debatte-gegen-joe-biden-positiv-auf-corona-getestet-worden-sein-a-713e304c-ea5c-419b-9a57-ff9a8f54e315 (aufgerufen am 03.01.2022).

Statista. (2022). „Toilettenpapier: Produktion bis September 2020“, 01.04.2022. https://de.statista.com/statistik/daten/studie/1187683/umfrage/produktion-von-toilettenpapier-in-deutschland/ (aufgerufen am 25.12.2021).

Statista (2022). „Anzahl der Ausländer aus der Türkei in Deutschland von 2001 bis 2021“, 05.05.2022. https://de.statista.com/statistik/daten/studie/152911/umfrage/tuerken-in-deutschland-seit-2001/ (aufgerufen am 22.09.2022).

Statista (2022). „Gesamtzahl der offiziell gezählten Kriegsflüchtlinge aus der Ukraine in Deutschland bis August 2022“. 21.08.2022. https://de.statista.com/statistik/daten/studie/1294820/umfrage/kriegsfluechtlinge-aus-der-ukraine-in-deutschland/ (aufgerufen am 22.09.2022).

Stegmaier, W. (2018). *Anti-Lehren.: Szene und Lehre in Nietzsches Also sprach Zarathustra*. Cambridge. Open Book Publishers.

Stephanus Bücher. (2021). https://stephanus.de/buchtipps/roman/%C3%BCber-menschen#.

Stiftung Deutsches Historisches Museum. (2012). „Die Sturmabteilung (SA)". https://www.dhm.de/lemo/kapitel/ns-regime/ns-organisationen/sturmabteilung.html (aufgerufen am 25.12.2021).

Sturma, D. (2001). *Jean-Jacques Rousseau* (Vol. 549). München. Beck Verlag. (aufgerufen am 22.9.2022)

SWR2. (2021). „Donald Trump und der Sturm aufs Kapitol", 06.01.2021. https://www.swr.de/swr2/wissen/archivradio/donald-trump-und-der-sturm-aufs-kapitol-100.html (aufgerufen am 25.12.2021).

Thüringer Landtag. „Björn Höcke". https://www.thueringer-landtag.de/abgeordnete/abgeordnete-fraktionen-sitzordnung/abgeordnetendetails/abgeordneter/bjoern-hoecke/ (aufgerufen am 25.12.2021).

Trips-Hebert, R. (2021). „Das strafbare Verwenden von Kennzeichen verfassungswidriger und terroristischer Organisationen § 86a StGB im Spiegel der Rechtsprechung Roman Trips-Hebert Infobrief Wissenschaftliche Dienste", in: *Wissenschaftliche Dienste – Deutscher Bundestag*, WD7 – 3010 – 105/21, 2021. https://www.bundestag.de/resource/blob/869290/c8bd5f14ef172eb76e41484886611030/Das-straf bare-Verw-von-Kennzeichen-data.pdf (aufgerufen am 25.12.2021).

Trump, M. L. (2020). *Zu viel und nie genug: wie meine Familie den gefährlichsten Mann der Welt erschuf*. Dresden. Wilhelm Heyne Verlag.

Ursprung F. (2022). „Weltklimabericht 2022: Was jetzt dringend nötig ist", in: *Himmel und Erde*, 03.04.2022. https://www.himmelunderd eonline.de/hue/weltklimabericht-2022-was-jetzt-dringend-noetig-ist.php (aufgerufen am 22.09.2022).

Utz, K. (2015). „Praktische Vernunft in der ‚Grundlegung zur Metaphysik der Sitten'." *Zeitschrift Für Philosophische Forschung*, *69*(4), S. 474–501.

van Bebber, W. (2016). **„Ein Besuch bei Juli Zeh** Clash der Dorfkulturen", in: *Der Tagesspiegel*, 29.05.2016.

Verronneau Ph. (2021). „Angela Merkel face à la crise migratoire de 2015 : entre précautions d'usage et formules ‘politiquement correctes'", *ILCEA* 42|2021. http://journals.openedition.org/ilcea/11997 (aufgerufen am 221.9.2022).

Vesper, A. (2018). „Kant über moralischen Wert und Gesinnung", in: *Aufklärung*, *30*, S. 141–164. Felix Meiner Verlag für Philosophie.

Volksliederarchiv. (1929). „Die Fahne Hoch“ (Horst-Wessel-Lied). https://www.volksliederarchiv.de/die-fahne-hoch-horst-wessel-lied/ (aufgerufen am 10.12.2021).

von der Pfordten, D. (2014). „Über den Begriff des Politischen“. *Zeitschrift Für Philosophische Forschung*, *68*(1), S. 31–56.

Wagner S., (2015). *Aufklärer der Gegenwart: Politische Autorschaft zu Beginn des 21. Jahrhunderts – Juli Zeh, Ilija Trojanow, Uwe Tellkamp*. Göttingen. Wallstein Verlag.

Watson. (2020). „US-Präsident Trump sorgt mit Satz über George Floyd für Entsetzen“, 06.06.2020. https://politik.watson.de/international/usa/316448274-george-floyd-trump-sorgt-mit-aussage-ueber-getoeteten-schwarzen-fuer-entsetzen (aufgerufen am 08.12.2021).

Weise, K. (2021). „‚Über Menschen‘ von Juli Zeh: Wankende Weltbilder“, in: *NDR Kultur,* 16.04.2021. https://www.ndr.de/kultur/buch/Ueber-Menschen-von-Juli-Zeh-Wankende-Weltbilder,uebermenschen102.html (aufgerufen am 04.10.2022).

WELT. (2021). „George Floyd: Ex-Polizist Derek Chauvin zu 22,5 Jahren Haft verurteilt“, 25.06.2021. https://www.welt.de/politik/ausland/article232106667/George-Floyd-Ex-Polizist-Derek-Chauvin-zu-22-5-Jahren-Haft-verurteilt.html (aufgerufen am 21.08.2022).

Welt der Physik. (2013). „Entropie“, 23.07.2013. https://www.weltderphysik.de/thema/phaenomene-der-thermodynamik/entropie/ (aufgerufen am 08.12.2021).

Wiatr, J. J. (2022). „New authoritarianism and political leadership“, in: *Political Leadership Between Democracy and Authoritarianism: Comparative and Historical Perspectives* (1st ed., pp. 156–183). Leverkusen. Verlag Barbara Budrich.

Winko, S., & Jannidis, F. (2015). „Wissen und Inferenz – Zum Verstehen und Interpretieren literarischer Texte am Beispiel von Hans Magnus Enzensbergers Gedicht Frühschriften“, in: *Literatur interpretieren*, S. 221–250. Leyden. Brill Mentis.

Woodward, B. (2020). *Rage*. New York. Simon & Schuster Uk.

Wunderlich, D. (2021). *Juli Zeh: Über Menschen: Dieter Wunderlich: Buchtipps und mehr*. https://www.dieterwunderlich.de/zeh-ueber-menschen (aufgerufen am 02.04.2022).

Zastiral, S. (2022). „Katerstimmung in Großbritannien“, in: *nd Politik*, 03.01.2022. https://www.nd-aktuell.de/artikel/1160099.brexit-folgen-katerstimmung-in-grossbritannien.html (aufgerufen am 08.02.2022).

ZDF-Aspekte. (2021). „Juli Zehs neuer Roman ‚Über Menschen‘ – Eine unmögliche Beziehung“. https://www.youtube.com/watch?v=fDVUN0Ygp4cb (aufgerufen am 24.09.2022).

Zeh, J. (2008a). *Alles auf dem Rasen: kein Roman*. München. Btb Verlag.

Zeh, J. (2008b). *Spieltrieb: Roman*. Frankfurt am Main. Schöffling & Co.

Zeh, J., & Trojanow, I. (2009). *Angriff auf die Freiheit: Sicherheitswahn, Überwachungsstaat und der Abbau bürgerlicher Rechte*. München. Carl Hanser Verlag.

Zeh J. (2009). „Sicherheit total“, in: *ZEIT ONLINE* Nr. 33, 06.08.2009. https://www.zeit.de/2009/33/Sicherheitswahn (aufgerufen am 05.05.2022).

Zeh, J. (2013). *Corpus Delicti: ein Prozess*. München. Btb Verlag.

Zeh, J. (2014). „Ich weiß, dass ich permanent über Moral schreibe“, in: Waldow S. (Hg.). *Ethik im Gespräch: Autorinnen und Autoren über das Verhältnis von Literatur und Ethik heute* (S. 55–64). Bielefeld. Transcript Verlag.

Zeh, J. (2016). *Nachts sind das Tiere: Essays*. München. Btb Verlag.

Zeh, J. (2020). *Fragen zu „Corpus Delicti“*. München. Btb Verlag.

Zeh, J. (2021a). *Neujahr Roman*. München. Btb Verlag.

Zeh, J. (2021b). *Über Menschen*. München. Luchterhand Literaturverlag.

Zeh, J. (2021c). „Videobotschaft Juli Zeh: Über Menschen: Media Control Award 1. Halbjahr 2021“, 19.07.2021. https://www.youtube.com/watch?v=TvVEUPtxR9o (aufgerufen am 22.09.2022).

Zeh, J. (2021d). „Juli Zeh sieht die Zukunft auf dem Land“, in: *Morgenmagazin*, 08.11.2021. https://www.ardmediathek.de/video/morgenmagazin/juli-zeh-sieht-die-zukunft-auf-dem-land/das-erste/Y3JpZDovL2Rhc2Vyc3RlLmRlL21vcmdlbm1hZ2F6aW4vYjBmY2M2Y2ItNTljNC00NDEwLWI4OTItZjJkYjUwZGEyYWYw (aufgerufen am 26.09.2022).

Zeh, J. (2021e). „Juli Zehs neuer Roman ‚Über Menschen‘ – Eine unmögliche Beziehung“, in: *ZDF aspekte*, 22.03.2021. https://www.youtube.com/watch?v=fDVUN0Ygp4c (aufgerufen am 02.10.2022).

Zeh, J. & al. (2022a). „Der offene Brief an Kanzler Scholz“ in: *EMMA*, 29. April 2022. https://www.emma.de/artikel/offener-brief-bundeskanzler-scholz-339463 (aufgerufen am 22.09.2022).

Zeh, J. & al. (2022b). „Waffenstillstand jetzt!“ in: *ZEIT ONLINE*, 29. Juni 2022. https://www.zeit.de/2022/27/ukraine-krieg-frieden-waffenstillstand (aufgerufen am 22.09.2022).

Zeh, J. & Urban, S. (2023). *Zwischen Welten.* München Luchterhand Verlag. https://d-nb.info/1265967342 (aufgerufen am 27.09.2022).

ZEIT ONLINE (2019). „Zwei Menschen nach Messerangriff gestorben“, 30.11.2019. https://www.zeit.de/gesellschaft/zeitgeschehen/2019-11/london-bridge-messerangriff-terrorverdacht-verletzte (aufgerufen am 22.09.2022).

Zentrum für Migranten und Interkulturelle Studien Bremen (2022). „Regelung der Vermittlung türkischer Arbeitnehmer nach der Bundesrepublik Deutschland (Anwerbeabkommen) nebst Anlage“. https://zis-virtuelles-museum-der-migration.de/wp/wp-content/uploads/Regelung-der-Vermittlung-t%C3%BCrkischer-Arbeitnehmer-nach-der-BRD-_-30.10.1961.pdf (aufgerufen am 22.09.2022).

Zusammen gegen Corona. (2022). „Deutschlands Informationsplattform zum Coronavirus“, 10.09.2022. https://www.zusammengegencorona.de/informieren/basiswissen-zum-coronavirus/coronavirus-kurz-erklaert/ (aufgerufen am 10.09.2022).

BEITRÄGE ZUR LITERATUR UND LITERATURWISSENSCHAFT DES 20. UND 21. JAHRHUNDERTS

Herausgegeben von Hans-Edwin Friedrich
Begründet von Eberhard Mannack

Band 1 Rainer Stillers: Maurice Blanchot: *Thomas l'Obscur*. Erst- und Zweitfassung als Paradigmen des Gesamtwerks. 1979.

Band 2 Jörg W. Joost: Molière-Rezeption in Deutschland 1900-1930: *Carl Sternheim, Franz Blei*. Hermeneutische Rezeptionsfragen zur Wechselbeziehung zwischen wissenschaftlicher Interpretation, dramatischer Gestaltung und literarischer Bearbeitung. 1980.

Band 3 Thomas Kopfermann: Konkrete Poesie – Fundamentalpoetik und Textpraxis einer Neo-Avantgarde. 1981.

Band 4 Edith Ihekweazu: Verzerrte Utopie. Bedeutung und Funktion des Wahnsinns in expressionistischer Prosa. 1982.

Band 5 Rolf J. Goebel: Kritik und Revision. Kafkas Rezeption mythologischer, biblischer und historischer Traditionen. 1986.

Band 6 Karin Hörner: Möglichkeiten und Grenzen der Simultandramatik. Unter besonderer Berücksichtigung der Simultandramen Ferdinand Bruckners. 1986.

Band 7 Ingrid Scheffler: Albin Zollinger, Max Frisch und Friedrich Dürrenmatt als Publizisten und ihr Verhältnis zu den Medien. Im Anhang ein Gespräch mit Max Frisch. 1986.

Band 8 Ulrich Kinzel: Zweideutigkeit als System. Zur Geschichte der Beziehungen zwischen der Vernunft und dem Anderen in Thomas Manns Roman 'Doktor Faustus'. 1988.

Band 9 Beate Porombka: Verspäteter Aufklärer oder Pionier einer neuen Aufklärung? Kurt Tucholsky (1918 - 1935). 1990.

Band 10 Uwe Neumann: Uwe Johnson und der *Nouveau Roman*. Komparatistische Untersuchungen zur Stellung von Uwe Johnsons Erzählwerk zur Theorie und Praxis des *Nouveau Roman*. 1992.

Band 11 Susanne Evers: Allegorie und Apologie. Die späte Lyrik Elisabeth Langgässers. 1994.

Band 12 Anja Kreutzer: Untersuchungen zur Poetik Günter de Bruyns. 1994.

Band 13 Frank Joachim Eggers: "Ich bin ein Katholik mit jüdischem Gehirn" – Modernitätskritik und Religion bei Joseph Roth und Franz Werfel. Untersuchungen zu den erzählerischen Werken. 1996.

Band 14 Gisela Hansen: Christliches Erbe in der DDR-Literatur. Bibelrezeption und Verwendung religiöser Sprache im Werk Erwin Strittmatters und in ausgewählten Texten Christa Wolfs. 1995.

Band 15 Anja Koberstein: "Gott oder das Nichts". Sartre-Rezeption im frühen Nachkriegswerk von Alfred Andersch im Kontext der zeitgenössischen Existentialismusdiskussion. 1996.

Band 16 Paola Bozzi: Ästhetik des Leidens. Zur Lyrik Thomas Bernhards. 1997.

Band 17 Iris Block: "Daß der Mensch allein nicht das Ganze ist!" Versuche menschlicher Zweisamkeit im Werk Max Frischs. 1998.

Band 18 Anne Raabe: *Das Wort stammt von Kierkegaard.* Alfred Andersch und Sören Kierkegaard. 1999.

Band 19 Jutta Kristensson: Identitätssuche in Rose Ausländers Spätlyrik. Rezeptionsvarianten zur Post-Schoah-Lyrik. 2000.

Band 20 Leonhard Fuest: *Kunstwahnsinn irreparabler.* Eine Studie zum Werk Thomas Bernhards. 2000.

Band 21 Simonetta Sanna: Die Quadratur des Kreises. Stadt und Wahnsinn in *Berlin Alexanderplatz* von Alfred Döblin. 2000.

Band 22 Anette Horn: Kontroverses Erbe und Innovation. Die Novelle *Die Reisebegegnung* von Anna Seghers im literaturpolitischen Kontext der DDR der siebziger Jahre. 2005.

Band 23 Hans-Edwin Friedrich (Hrsg.): Der historische Roman. Erkundung einer populären Gattung. 2013.

Band 24 Albrecht Haushofer: Gesammelte Werke. Teil I: Dramen I. Herausgegeben von Hans-Edwin Friedrich und Wilhelm Haefs. 2014.

Band 25 Kristin Eichhorn (Hrsg.): *Neuer* Ernst in der Literatur? Schreibpraktiken in deutschsprachigen Romanen der Gegenwart. 2014.

Band 26 Nikolas Buck (Hrsg.): Ulrich Holbein. Sein Werk zwischen Avantgarde und Archivierung. 2015.

Band 27 Jürgen Egyptien (Hrsg.): Albrecht Fabri – Frühe Schriften. Essays und Rezensionen aus der Zeit des Dritten Reichs. 2016.

Band 28 Uwe Buckendahl: Franz Fühmann: *Das Judenauto* – ein Zensurfall im DDR-Literaturbetrieb. Eine historisch-kritische Erkundung mit einer Synopse aller publizierten Textvarianten. 2017.

Band 29 Jaime Alazraki: Elemente einer Poetik der Neofantastik. Die Erzählungen von Julio Cortázar. Aus dem Spanischen übersetzt und herausgegeben von Max Wimmer. 2018.

Band 30 Simon Hansen / Jill Thielsen (Hrsg.): Tendenzen der deutschsprachigen Gegenwartsliteratur. Narrative Verfahren und Traditionen in erzählender Literatur ab 2010. 2018.

Band 31 Anke Christensen / Olaf Koch (Hrsg.): Neue Lesarten ausgesuchter Texte der Kinder- und Jugendliteratur. Literaturwissenschaftliche Erkundungen von der Biene Maja bis hin zu Tschick. 2021.

Band 32 Christoph Rauen (Hrsg.): Prestige-Science Fiction – Neue deutschsprachige Romane zwischen Kunstanspruch und Unter. Unter Mitarbeit von Sina Röpke. 2020.

Band 33 Kai U. Jürgens (Hrsg.): Arbeitsbuch Christopher Ecker. Aufsätze und Materialien. 2021.

Band 34 Helmut Heißenbüttel: Späte Schriften zur Literatur. Teil 1: Zur Literatur der Moderne und zur Literaturgeschichte. Herausgegeben von Hans-Edwin Friedrich. 2021.

Band 35 Helmut Heißenbüttel: Späte Schriften zur Literatur. Teil 2: Zur Lyrik und Experimentellen Literatur. Herausgegeben von Nikolas Buck. 2021.

Band 36 Helmut Heißenbüttel: Späte Schriften zur Literatur. Teil 3: Literaturtheorie, Hörspiel, Populärliteratur. Herausgegeben von Christoph Rauen. 2021.

Band 37 David Röhe (Hrsg.): Arbeitsbuch Tobias O. Meißner. Aufsätze und Materialien. 2022.

Band 38 Jutta Reusch im Auftrag der IJB (Hrsg.): Michael Ende – Wissenschaftliche Perspektiven des 21. Jahrhunderts. 2022.

Band 39 Nicole Giannotti: Die Drehbuchautorin Thea von Harbou (1888-1954). Eine Biografie. 2022.

Band 40 Alexandra Juster: Eine kontrafaktische Lektüre von Juli Zehs Roman *Über Menschen*. 2023.

www.peterlang.com

www.ingramcontent.com/pod-product-compliance
Ingram Content Group UK Ltd.
Pitfield, Milton Keynes, MK11 3LW, UK
UKHW041822290926
8980IPUK00002B/4

9 783631 895467